中华先贤人物故事汇

王昭君

唐　晋　著

中华书局

图书在版编目（CIP）数据

王昭君/唐晋著. —北京：中华书局，2019.2
（中华先贤人物故事汇）
ISBN 978-7-101-13660-9

Ⅰ.王…　Ⅱ.唐…　Ⅲ.王昭君-生平事迹　Ⅳ.K828.5

中国版本图书馆 CIP 数据核字（2018）第 300585 号

书　　名	王昭君
著　　者	唐　晋
丛 书 名	中华先贤人物故事汇
责任编辑	徐麟翔　董邦冠
出版发行	中华书局
	（北京市丰台区太平桥西里 38 号　100073）
	http://www.zhbc.com.cn
	E-mail:zhbc@zhbc.com.cn
印　　刷	北京瑞古冠中印刷厂
版　　次	2019 年 2 月北京第 1 版
	2019 年 2 月北京第 1 次印刷
规　　格	开本/787×1092 毫米　1/32
	印张 4½　插页 2　字数 64 千字
印　　数	1-10000 册
国际书号	ISBN 978-7-101-13660-9
定　　价	20.00 元

出版说明

孔子周游列国，创立儒家学说；张骞出使西域，开辟丝绸之路；书圣王羲之，留下了曲水流觞的佳话；诗仙李白，写下了"举头望明月，低头思故乡"的名篇；王安石为纠正时弊，推行变法；李时珍广集博采，躬亲实践，编撰医药学名著《本草纲目》……

这些杰出的历史人物，有的是在中华民族文明进程中做出过突出贡献、对后世产生过巨大影响的思想家、政治家，有的是对中华优秀传统文化的传承传播发挥过重大作用的文学家、艺术家、科学家，有的是为国家安定统一、民族融合团结和中外文化交流做出过杰出贡献的军事家、外交家……他们为中华民族的繁荣发展做出了伟大的贡献，他们的行为事迹、风范品格为当世楷模，并垂范后世。

他们是中华民族的先贤人物。他们的思想、品德、事迹，是中华优秀传统文化的结晶。他们的故事，是对中华民族的禀赋、特点和气质最生动、最鲜活的阐释。他们的名字，在五千年中华文明史上最为光彩夺目。他们为五千年中华文明史书写了最为光辉灿烂的篇章。

为了解先贤，走近先贤，我们精心组织编写了这套《中华先贤人物故事汇》丛书。以详实可靠的史料为依据，以细腻动人的故事为载体，真实地呈现中华先贤人物的事迹、品格和精神风貌，彰显他们的贡献和功绩，以激发人们对国家民族的热爱，对中华文明、中华优秀传统文化的崇敬。

开卷有益，期待这套丛书成为你的良师益友。

目 录

导 读

昭君出塞，发生在两千多年前，指的是汉元帝时的宫女王昭君和亲远嫁匈奴一事。

关于王昭君的历史记载不多，除了和亲出塞等少数史实，今天我们已不能确知她的大部分生平。根据史料的零星记载，大致可以勾画出她的人生轨迹。王昭君，西汉南郡秭归（今湖北兴山）人。少时入宫，竟宁元年（前33）和亲匈奴，嫁给呼韩邪单于。建始二年（前31），呼韩邪去世，其子雕陶莫皋继任为复株累若鞮单于，根据当时匈奴的习俗，王昭君又嫁给了继任单于。王昭君和呼韩邪单于育有一子伊屠智牙师，后来死于匈奴内部的权力斗争。她和复株累若鞮单于育有两个女儿，长女须卜居次云曾入汉宫陪侍太皇太后，后来须卜居次云与其丈夫须卜当做了很多与汉亲善的事。

匈奴无疑是一个非常强悍的民族，历史也相当悠久。随着中原各个王朝的不断强大，匈奴被迫向西向北迁移，他们是亚洲民族向西方迁徙的先驱，特别是5世纪出征欧洲大陆，引发了欧洲一系列的震荡，甚至加快了西罗马帝国的灭亡。

刘邦在位时，与匈奴有过一战，差一点儿被俘虏，史称"白登之围"。后来靠着大臣的计策贿赂匈奴阏氏，刘邦才得以逃脱。从此汉朝开启了对匈奴的和亲之策，即将汉家女（公主或宗室、宫女等）嫁给匈奴单于，以示亲好。如此，换来短暂的和平，以发展国力。

汉宣帝时，匈奴发生内乱，力量削弱，汉朝扶持亲汉的呼韩邪单于统一了匈奴各部，边境稳定。在此基础上，王昭君的和亲无疑促进了汉匈关系的进一步稳定发展，带来了长达几十年的百姓安居乐业、边境和平的局面。同时，她的和亲出塞，也带去了汉族先进的生产技艺及文化器物，促进了汉匈之间的文化交流。

王昭君逝世后，为了纪念她，许多地方都建有她的陵墓，一般认为，位于今天呼和浩特郊区大黑河南岸的青冢，可能是她的安葬之处。

惊 梦

　　正月的汉宫里，菅（jiān，一种茅草）席的一角泛起了清亮，室内有了黯淡的光线，四围花椒的香气也散发出来。多么熟悉的香气，还是婕妤身体里透出来的那个味道。入冬之前，婕妤将菅席送给了昭君——这是用吴地的菅草编织的暖席，躺在上面，可以找到南郡家乡的感觉——这一束席子仿佛被漆过，细软香柔，就像婕妤舞蹈时展露的肢体。婕妤被逼自缢的那一夜，风刮得猛烈，就像有千万条绞索在复道上空飞舞。更多的哭声从未央宫北面的暴室传来，失眠的宫人们坐在角落里，瑟瑟发抖。昭君知道自己坠入了一个冰封的时空，花儿昨天还在笑，今夜就被摧折，尤为悲哀的是不知花儿为何笑，更不知因何获罪。晨昏交替，春秋移易，星辰漫天，恒无变化，铜镜内的容颜却经久多变。

待诏啊待诏，未来将是怎样的一幅场景？

昭君很快梦到了洪水。

好像是江水，又好像是沔（miǎn）水，又像是香溪，大水如此透亮、清凉，从高处带着她迅疾跌落。两岸崖壁一块一块地崩塌，好多翠绿的竹子掉入水中，尖尖的叶子朝天耸立，变成无数只祭拜祈求的手掌。她远远地看见了父亲。父亲穿戴整齐，站在人群中间向她挥手；这一瞬间她仿佛坐在船上。船剧烈摇晃，她紧紧靠着桅杆。母亲却一直未出现。她感到口渴，俯下身子去捞水喝，面前却浮现出一个大大的月亮。月亮映在水面的波纹被推远，犹如巨大的漩涡一样将她吸了进去。她眼前一片黑暗，在黑暗中感觉自己旋转不停，又像在鱼儿的队列中缓缓散开。她张开眼睛，发现置身于一个硕大的葫芦中，身边有男子的气息。然而仅仅是气息罢了，葫芦空里流光，一个人被抛上抛下，如同被顽皮孩子摇响的种子。

她听到一种声音，应该是祖母的喘息。祖母

未来将是怎样的一幅场景？昭君很快梦到了洪水。

说："蒹葭茅草，秋鱼牡鹿，都是上天的意旨啊，一辈一辈都是这样。"声音又变成母亲："君儿啊，转眼你快到十八岁了，怎能还不生育？"她想拥抱母亲。她的脸颊上似乎有泪。葫芦又变成旋风，她的脚下是重重楼阁，连绵无尽。黑暗中有一只大手伸出，猛地攥紧了她的腰……

冥冥中仿佛看见婕妤在舞蹈。婕妤说："昭君，来为我弹琵琶。"她手持琵琶，抬头却找不见婕妤的身影。左顾右盼中，琵琶在手心里变成了两个大碗，盛满了饭。她说："父亲，母亲，君儿就要离开了，亲手做饭也只有这一次了……"她端着碗，倚靠着门扉，眼前空无一人。这时，有人问她："你是叫君儿吗？"她便看到自己又回到了船上，身侧依旧是桅杆。问话的人是她认识的一位小吏，与父亲有私交。他在木板上写着字，一边又说："昭君，昭君，你难道没有名吗？南郡遍地都是君，这君那君的，皇上哪里记得过来，又哪里分得清楚？"她记得自己反驳他："南郡楚地，世人都敬云中君、高阳君，昭君生来所予小字又岂是为他人所备？"

她看到他惊异的样子，她知道这只船还未开始北上。雄阔的楚天从遥远的地方一直铺压过来，闪烁着五彩颜色。她掩口笑那个人，他一边嘟嚷着小丫头伶牙俐齿，入宫肯定少不了受罪，一边濡着毛笔，琢磨着给她起个名。他说："正好我看见了桅杆，你就叫樯吧。"她摇着头。"亏你能想出来，我一个女孩儿叫个桅杆！不如，改了一边儿，就叫嫱好了。"现在他开始摇头了："这个我不敢写，这种僭越的事儿岂能做？"她嘻嘻笑着讲："这你就不晓得了，宋玉当年写《神女赋》，里面就有'毛嫱鄣袂，不足程式；西施掩面，比之无色'的句子，神女之美以之相喻稍嫌勉强，我等用之恰如其分……"

昭君笑着醒来，很快眉头重新蹙紧。室内明显地亮了，外面有了洒扫的响动。这个梦已经三四年了，掖庭一如初来。她有些奇怪，为何再不能梦见母亲的脸？即使是静想，也愈来愈艰难——她和他们轻易就被宫墙隐去了，所有的亲人都已远离，就像落入两个不同的世界，过着迥异的生活，彼此遗忘，直至血冷。故乡的此刻，江水初涨，叶子又要绿了，而长安是什么样子，只是宫墙的样子。

那么，皇帝是什么样子？

昭君的梦中也没有出现过皇帝。她的梦依然停留在故乡的风物中，每一场梦境都辽广无垠，不忍醒来。

接着，她梦到了圮毁不堪的楚王台，就在洪水拱着的最高处；有一阵子她认为梦到的是神女峰。她甚至梦到远古的黄帝，气势汹汹地驱赶他的儿子昌意到蜀地放羊。然后，昌意娶了一位女子，生下了高阳。洪水冲走了高阳，水中猪婆龙驮着他飞掠峨眉大山、瞿塘高峡，来到楚地。她梦到猪婆龙给高阳喂鹿奶，一瞬间她觉得是自己在抱着孩子哺乳，羞怯怯的，斜拿着饮酒用的耳杯，看不见他的脸。她把着孩子的手教他写字，又像是父亲在教自己——"帝高阳之苗裔兮，朕皇考曰伯庸。……朝饮木兰之坠露兮，夕餐秋菊之落英"——宫里没有木兰，也见不到秋菊。这里的菊花小小的，贴着地生长，没有那种凤凰尾巴似的花瓣。她无聊的时候会采摘一些，浸在水中，看花绿慢慢溢出。当一些小虫子的尸体也浮出来，她便不复采摘。

她梦到孩子远远地站着，投下巨大的影子。那影子又像一个硕大的足印，她听说，踩上去就会怀孕。孩子非常强壮，英武无敌，消灭了无数的狼虫虎豹。她梦到背井离乡的山鬼彻夜痛哭。后来，她目送孩子腾空而起，骑着白马在天空飞跃，成群的匈奴人如同草一般倒伏不起……

匈奴！昭君迷迷糊糊醒转，突然想到婕妤时常提起的匈奴。这样漫长的黎明，笼罩着长安，笼罩着故土，也笼罩着匈奴。他们也是女娲娘娘所造，他们的天也是五彩石所补。昭君的手探向胸口，那里挂着一块五彩玉玦，是离开家乡时母亲给她的。她轻叹一声。就像人的命运，上天给匈奴以肥美水草，给大汉则是高墙华城。草尽了枯了，他便来烧你高墙，抢你华城。婕妤不就是这高墙华城的缩影吗？皇帝一旦有了厌恶之心，后果哪堪想象啊！

在昭君的心里，婕妤的确是一个完美之人，善良、热情、温柔，话语不多，从不拨弄是非。婕妤有一个心愿，只是没有机会实现。昭君回忆婕妤给自己讲起冯嫽的事迹，脸上泛着异样的神采——高祖白登之辱后，和亲就成了大汉的一种外交手段。记不清嫁出去多少公主，也记不清随公主出去了多少妙龄宫人，只记住一个人，那就是解忧公主的侍女冯嫽。一位奇女子啊，曾经手执汉使之节巡慰安抚西域诸国，解决了很多令皇帝棘手的问题。随年老的解忧公主归汉后，乌孙生乱，冯嫽自请出使，又一次进入西域，游说各方，消弭干戈，为汉室增添荣耀。昭君记得婕妤感慨万分道："女子做到冯嫽这样，此生足矣！"

昭君多次想让婕妤入梦。她为婕妤感到遗憾。

早晨的凉意阵阵袭来，隐约有鼓乐声响起。昭君渴望再度沉入梦境，她如此迫切地想与婕妤在梦中再会。然而室门被猛地推开了，冷风即刻灌注了她的头发。

"捷报捷报！"一个小宫女探头大喊："前方斩了郅支单于！"

昭君一时觉得恍惚。郅支单于？匈奴？刚梦见匈奴之事，便来了匈奴的消息。斩了单于，是不是就不再与匈奴交战了呢？

庭中传来洪亮男音："上有诏，将郅支单于首级悬于槀街蛮夷邸间。敬告祖先，赦天下。"

昭君一边起身，一边想着：看来真的是大事。把单于的头颅挂在外邦驻长安的馆舍前，不管是彰显武功，还是作为警示，反正都血淋淋的。她不禁打了个寒颤，也无心认真梳洗，对镜看看，便出门而去。

沿着最早被称作永巷的通道，尽头张挂着几方木板。右边第一方是皇帝的诏书："匈奴郅支单于背弃礼义，杀了朕的使者、吏士，先前之所以不征讨，是考虑到兴师动众，劳民伤财，所以隐忍未动。如今甘延寿、陈汤两位将军趁匈奴内乱之机，发兵征讨，有赖于天地宗庙灵佑，诛杀了郅支单于，取其首级，除了朕的祸患，立下了大功。"

接着，昭君渐渐了解了整个事情的来由，并第一次看到呼韩邪单于这个名字。在她看来，起因就是匈奴内乱，呼韩邪单于内附大汉称臣，郅支单于不满大汉拥立呼韩邪单于，为扩大领地，破乌孙，吞并乌揭、坚昆、丁令等国，并杀掉汉使，怒杀康居王之女及贵人、百姓数百人，背弃礼义，成为大汉的大患。西域都护骑都尉甘延寿、副校尉陈汤遂发兵讨伐，经过艰辛的战斗，大败郅支单于，斩杀单于、阏氏、太子等人，俘获千余人。

第二块木板上画着一幅地图，大致是郅支单于所在地的山川地形。昭君闻所未闻。她发觉匈奴之地竟然如此之大，而西域领土更是辽广无比。她盯着地图上长安那一个小点，神情黯然：自己一生就深埋在这个点下。

最末的木板上是一个人的画像。这是一个男子，一眼看去绝非汉人。昭君细看下方的字样，原来这位就是呼韩邪单于。他的头上是一顶兽皮帽子，兽毛板结。他的眼睛细小狭长，却闪着光亮。他的鼻子略扁，鼻廓很宽。嘴唇颇厚，夹在密密的胡须中。昭君退后一步观望，觉得这倒是一个相貌堂堂的首领。她注意到画像一角有几个小字：臣延寿。想必是画师的名字。她觉得于画像而言，"延寿"之词倒是一个好兆头。

请 辞

又是正月。昭君并不知道，这一年皇帝会改元竟宁，而这竟然与自己有关。

这一天早晨，掖庭宫发生小小的骚动，原因是：匈奴呼韩邪单于向汉室请求和亲，愿作大汉的女婿。皇帝将此事交办掖庭。

空中云彩压得很低，泛着乌漆的光。地面铺着薄薄一层雪。昭君看到掖庭令带着一个瘦小的中年男子往蕙草殿那边行去，身后拖曳出一长串青色足印。陆续有哭泣的声音从檐壁间传来，那些细细的风通过推动墙基与地砖夹缝里的新雪向前移动而留下形迹。

昭君坐在这里已经很久，多亏了婕妤当年帮她缝制的暖絮护膝。这种原本在军中使用的防护用具，由婕妤改造后，柔软灵便，丝毫没有臃肿之感。婕妤姓什么，昭君从未问起。在并不密切的见面中，多数是偶遇。昭君觉得二人长相相近，好像有着某种无法言说的亲近，婕妤像姊姊，又像远方的母亲。若是婕妤还在，就可以听听她的想法了。昭君想。

昭君看到的那个中年男子正是画师毛延寿。随着掖庭令，他见到了几位被选荐的宫女，准备为她们画像，以供皇帝选定。画师行色匆匆，经过昭君时稍稍行礼致意。昭君随后站起身来。

"可以问画师一句话吗？"

男子致意时，昭君瞥见他腋下夹着的一叠木板。她立刻想起两年前曾经看到过的画像。

"待诏可问。"男子表现出恭敬的样子。

"哦，画师是在为和亲一事辛苦吗？"

男子不禁仔细打量起面前这位女子，心中略略有些惊诧：真是相貌不俗啊！做画师这些年来，在后宫很少见到这般仪容标致的人，尤其是脸的轮廓，堪比神女。眼睛，她的眼睛——大且深，而又透彻。

男子意识到有些失礼。"回待诏，正是这样。"

昭君的脑海中浮现出呼韩邪单于的画像，还有那几个小字。她念了出来。

"延寿。"

"正是在下。"毛延寿觉得不可思议，这位女子竟然知道自己。

"画师可知那位呼韩邪单于的来历？"

毛延寿有些肃然，后宫会有人关心匈奴单于，这是他想不到的。昭君见他迟疑的样子，想要说罢了，却又抿住嘴。

"待诏既然有兴趣，延寿便约略讲一讲。匈奴五单于的事情，待诏可了解？"

昭君从毛延寿这里听到了复杂又混乱的一番内情："自从有了匈奴，冒顿、老上、军臣三代单于时期最为鼎盛。后来匈奴与大汉以及周边诸国时有争战，内部纷争也越来越激烈。加上近几十年来匈奴境内天灾不断，大雪暴杀人畜，疫病横行，可以说天亦绝之。二十多年前，匈奴五支势力崛起，争夺单于之位，其中便有呼韩邪。呼韩邪原本是应该继位的，却不得立。混战一段时期后，呼韩邪占据上风。后来又有两支势力加入，被大汉斩首的郅支单于便在其中。郅支与呼韩邪本是兄弟，郅支为兄。呼韩邪继位单于后，郅支为左贤王。然而郅支很快自立为单于，引兵击败呼韩邪，入主单于王庭。呼韩邪一支被迫移往匈奴南部，靠近大汉。二十年前，他表示归顺我朝，并送儿子右贤王入侍大汉为人质。由此，郅支和呼韩邪暂时互守平衡，匈奴分化南北。"

昭君若有所思：难怪他请求和亲呢。

毛延寿想了想，又说道："如今郅支被灭，呼韩邪有齿寒之感，提出和亲或有自保之心。"

"画师，莫非说呼韩邪担心大汉就此灭了匈奴？"

"记得五单于争立时，朝中有大臣提出，趁匈奴内乱派兵灭之。先帝却听从老臣萧望之的建议，遣使吊问，辅其微弱，救其灾患，以德服之，对呼韩邪以礼相待，帮助他稳固权力。虽然时过境迁，呼韩邪倒也不会不记得。"毛延寿说。

好一个"辅其微弱，救其灾患"，昭君忍不住心里反复品味。

　　毛延寿见女子痴呆呆的样子，于是行礼致意，退身而去。

　　注定是一个不眠之夜。哭泣声和风声交织，更漏响得极快，薿席的暖意让昭君昏昏欲睡，脑中的思绪却不停地奔涌。辅其微弱，救其灾患——昭君喃喃自语——她想起毛延寿提到的匈奴雪灾，虽然无法想象一场雪灾是如何之大，牛羊的大面积倒毙又是怎样一个场景，但她见过死亡。幼年时遭遇的洪水是她挥之不去的记忆，大水带走了童年的玩伴，捞上来的是他们残缺不堪的尸体。还有婕妤。恍惚间，她似乎梦见了婕妤对她说："你不是想做冯嫽那样的女子吗？是时候了。你能帮助他安抚他的百姓，匈奴的繁荣安定不就是大汉的光耀吗？"

　　昭君一下子醒过来。她试着回想曾经看到的画像上的那张脸，那一双细小狭长的眼睛。这是个虚弱的男人吗？是因为匈奴弱他才弱的吗？还是……示弱？那么，如果是示弱，他为什么要示弱呢？她想起他头上的帽子，那是兽皮做的，什么样的人会顶着兽皮？她又想起家乡那个扮作白虎的神巫，全身披满了兽皮——他会是神眷之人么？很快，她便梦见了白虎，和小时候熟悉的神巫一模一样。白虎载着她跃上云端，她像山鬼那样斜骑着，衣袂飘飘。洪水在脚下温顺如小蛇，而大山一座一座地闪向黑暗深处。她从未见过这般辽广的土地，很多孩子像牛羊那样奔跑，白虎俯下身子来到他们中间，她甚至能看清那一张张欢笑着的脸。

她被冻醒了。她发现自己的脚不知何时伸出了被子。

请辞。

这个念头一浮现，昭君情不自禁地打了个冷颤。请辞？自己要求嫁给呼韩邪？她觉出了两颊的滚烫。为什么不呢？这件事总要有人去做吧，你不是向往冯嫽的生活吗？那就做决定吧。

匈奴，长安，南郡。南郡，长安，匈奴。她在心里反复默念。就像大雁，南方的大雁总要有北归的时候，那么，自己就做大雁行列里的一只吧……

昭君坐起来，仔细穿好衣服，清洗了面庞，长久地盯着铜镜。

雁灯亮了。这是一只很小的灯，并非那种长颈高腹背上有盖子的雁灯，它是驻足之雁，也是徘徊之雁，在莪席表面投下去留无定的影子。昭君找出一块绢帛，此刻发着暗黄的微光。她取下一管笔，不住地濡墨。

时近正午时，这块绢帛带着蚕头燕尾落在掖庭令的案几上："臣妾得天恩宠，幸入掖庭。闻陛下欲择选宫人外嫁匈奴，愿自荐求行，以报君德。请陛下恩准。"

画师毛延寿没有想到短短数日，自己竟会与这位名叫嫱的女子见第二面。闻知王嫱主动请辞，要外嫁匈奴，他异常吃惊。当掖庭令安排他为王嫱画像备选时，他怀有一种深深的莫名的痛楚。翻遍千方木板，丢弃了无数块椒木，毛延寿最后挑了一块桐木。

他见到昭君时，正在准备画材，昭君开口道："有劳画师了。"

毛延寿停了下来，说："待诏……既然待诏请辞，这里一边画着，一边与待诏讲讲匈奴，如

昭君找出一块绢帛，取下一管笔，不住地濡墨。

何？”

“画师请讲。”昭君款然行礼。

毛延寿微微叹了一口气。

“待诏怎会有请辞的想法？……还是说匈奴吧。匈奴历史可追溯至黄帝时代，商朝时才迁居北方。他们以游牧为业，随水草畜牧而迁徙，主要养马、牛、羊等。他们那里见不到城郭，也见不到耕地和耕田之民。没有文字，不能书写，仅靠口头语言来沟通交流。培养孩子从小就骑羊，用弓箭射鸟、鼠，大一点儿便射狐狸、野兔之类。人人体魄强健，军队尽为甲骑。依照匈奴的习俗，平时游牧，射猎禽兽，遇到天灾草枯，便来攻掠我朝，烧杀抢夺，久久为患。这就是他们的天性，只懂得逐利，而不知礼义。没有米粟，以吃肉为生。自君王以下都吃畜肉，以兽皮畜革为衣。壮年人吃最好的肉，剩下的才让衰老者吃。所以匈奴以壮健为贵，而以老弱为贱。”

昭君轻轻哦了一声。

“待诏必须考虑的是这一点，”毛延寿看着她，郑重说道：“匈奴有个习俗恐怕待诏不知，倘若父亲死了……就是说，假如有一日是这样的情况，儿子可娶其后母。倘若兄弟死了，其他兄弟可娶其妻。"

昭君张大了口。

毛延寿开始专注地画像，不再看她，也不再说话。

昭君感到匪夷所思。真是这样吗？那不就是乱伦，和牲畜有何区别呢？他，他的妻子里，也会有他父亲的妻子么？

"待诏……怎会有请辞的想法？"毛延寿一边勾画着她的鬓发，一边缓缓道："待诏有所不知，我也不是汉人。"

昭君似乎没明白过来。"哦，画师，你……是匈奴人？"

"匈奴人善于养马，元狩之后，长安城里出现了很多养马的匈奴人，不过我不是。我祖上是月氏人。"

又是一个陌生的名字。想来，也是一个遥远的国度吧。昭君忍不住问："那么，画师如何来到了这里？"

毛延寿露出一丝苦笑。"待诏有所不知，月氏已经变了。一百多年前，匈奴老上单于时，就把月氏国给灭了，月氏王被杀，头骨被做成酒器饮酒。十几年前，呼韩邪在诺水东山与汉将韩昌、张猛盟誓，杀白马饮血酒，用的便是月氏王的头骨。"

这几句话说得昭君毛骨悚然。她挪了挪身子，勉强笑着说："画师在吓我。"

毛延寿停住笔说："待诏日后便会知道。"

昭君脸上闪过奇怪的神色。

"待诏听说过大夏国吗？先祖之国后来西迁，打败了大夏，占据了此地。武帝时曾派张骞出使，意图联合月氏以抗匈奴。可惜，正如人遇一场大病之后，雄风不再了……待诏想知道我是如何来到长安的？月氏国分崩离析后，留下来的一支便和羌人杂居。我出生在张掖，年少时随族人流落到康居国。郅支单于强盛的时候，康居王出于自保，便将女儿嫁给郅支做妻子……"

昭君一下子想到前年传来斩杀郅支的捷报时，自己了解的那段历史。她用颤抖的声音道："莫非，莫非郅支所杀的康居王女……便是他的妻子？"

毛延寿颇有深意地看着她说："正是他的妻子。数百人被杀，丢到都赖水中，河水为之变色，狭处为之壅塞，此后长夜，鸟兽不复食鱼，旷野永闻啼号……"

他顿了顿道："我便是那个时候逃离的。后来甘延寿、陈汤二位将军斩了郅支，我便改名为延寿。"

昭君眉头蹙紧，站了起来。

"待诏乃宫中深藏的宝珠……怎会有请辞的想法？"毛延寿又说。

时间仿佛觉察了人心，太阳早早降落并从高墙顶端退下。浓云连缀起来，密密匝匝，层层叠叠，张开了长安城的夜幕。送走画师后，昭君内心颇不宁静。她吃了几口枣糒（bèi），若有所思地吮着手指，寂寂沉坐。

毛延寿的一番话不时在她耳边回响，她觉出了内心的混乱。是啊，怎会有请辞的想法？这个决定是不是过于草率？郅支是呼韩邪的兄长，残忍如斯，固然说五指不求齐，但看来匈奴的确是一处滋生杀戮的土壤。没有文字，不铭历史，何来律法遵从，何来道德遵从？呼韩邪也是经年杀伐，拿死人头骨来饮酒，生死于他们而言似乎毫不重要。食肉寝皮，妻人之妻，怎么会有这样可怕的世界？

室外传来脚步声，仿佛落叶扫过，一个苍老的嗓音在费力咳嗽。这个老宫女使得掖庭的夜晚真实起来。

昭君苦苦冥想一百年来众多和亲者的命运，她无从得知。每个人的去向不一，时光交错，像极了一盘棋局。黑暗隐去了所有离乡者的面目，仿佛咳嗽，在瞬间归于宁静。命运带我来到长安，命运安排我在深宫独守，命运让我虚度韶华，只为了等待一次机遇。现在，这算不算机遇？被皇帝选中，被皇帝选中并宠信，被皇帝宠信并生下皇子，生下皇子成为皇后……宫殿变了，周遭的所见都会变，但命运真的变了吗？那样的李夫人，那样的钩弋夫人，还有被毒杀的恭哀皇后，数不尽、看不清的善恶纠缠，汉宫与匈奴又有何分别？……这一次，我来为自己选择，我选择远嫁他乡，我选择自己要嫁的人，我选择自身的命运。至于未来，就听任命运安排，成碎骨便成碎骨，成冤魂便成冤魂。如果命运垂怜我，我自当做冯嫽，尽一己之力去改变，改变那片荒蛮之地。那么，呼韩邪，你的真面目到底是什么？

昭君将自己团抱在蓆席中央。炉中火星一闪一闪，木炭散发出好闻的味道，屋外偶尔响起鸟喙在树干上的剥啄声。她的头枕在膝上，想起在家乡看过的一种古老文字，样子像鸟虫在盘绕飞舞，十分美好。文字，她想，将来有了孩子一定要教会他们读书写字，知书达理后人就会变化。孩子不同了，一切都会随之不同，包括你——呼韩邪。

寒月投下的阴影在地面画出最为忧郁的阁楼一角。眼前木板上的美人微微含笑，顾盼生媚，却有几分坚忍。毛延寿久久地凝视着，愈觉得此人有种罕见的美。固执、果敢，悲喜不形于色，善于掩藏内心的弱处，重要的是：大胆。可以说，她具备了一个皇后应有的品质和能力。夜晚的空室飘散着淡淡的香气，这是画师喜欢桐木的原因。人们都拿它来斫琴，却不知道最为适宜的是画像——嗯，只有桐木适合画凤凰。

"待诏……怎会有请辞的想法？"

"画师画过的宫人应该有不少了吧？长安有数不清的宫人，我自南郡来到这里，所见并不能超过家乡数里，宫墙远远比不上家乡的大山，却像深井一样让人窒息，能够熟悉并记住的面孔并无几个。画师又曾记得哪个？我用的铜镜不是新造的，背钮圆润光滑，必须要系一条绳索。有时候，我好像能从里面看到别人的脸，一张又一张，娇美、哀怨、模糊不清……画师，铜镜也在作画呢。在我的家乡，香溪河清亮清亮的，人们都去那儿映出自己的脸，可是没有哪张脸像铜镜里的那样……"

这是大汉的宝贝啊！不，绝不。毛延寿紧咬牙关。明珠岂能暗投，绝不能让匈奴夺走！

他摸起画笔，面对画像思索良久。他反复转动着笔杆，用颤抖的手坚决地在画中人的嘴角一侧，点下了一颗黑痣。

光 明

　　皇帝刘奭（shì）的额头微微发烫。这个冬日，除非登上高阁远眺，很少能晒着太阳，他的时光总伴着大殿上流动着的烛火。呼韩邪的来朝令他打起了精神，和亲的请求在他的深思熟虑下也被允准。自从郅支这一方势力消灭之后，汉匈关系的走向一直是他的心结。两年时间并不算长，呼韩邪的势力在匈奴的恢复之快，一度令他惊诧。高祖以降，与匈奴长达一百六十多年的征伐纠缠，始终让他无法建立信心。匈奴内部五单于之乱发展到七单于混战，其间大汉主要采取观望态度。在大汉愈来愈强大的今天，谁夺取匈奴的王权，决定着今后一段时期的应对之策。郅支有相当强的军事才干，但是一个反复无常的小人，杀之不惜。而呼韩邪对大汉的恭敬，是否出于韬光养晦的考虑？

头疼。刘奭的颈部一阵阵抽搐，脸上沁出冷汗。去年秋天壬申日发生的那次日蚀，近来常常令他萦怀。虽然臣子们做了解释，他觉得那都是虚言，他有一种不好的预感。在梦中他曾见过几次日蚀的还原，最难忘的一次，黑暗几乎将他全部遮蔽，伴随着剧烈的烧灼感，异常真实。那一次，日蚀后的太阳宛如鸡蛋，在他的注视下渐行渐远，最后成为一个黑点。黑点并不使他恐惧，在太阳远去的过程中，他觉着自己也被裹挟着远去。那是一个半明半晦的通道，最深处的黑点仿佛飞箭之首，以惊人的速度消逝。他感到自己的身体不断向外抽出散开，他的视野也随之变得黄白斑斓。最后，傅昭仪为他擦拭宿汗，弄醒了他。

刘奭将一只手伸向不远处的几案，上面放着他看了很多遍的呼韩邪上书："臣常愿谒见天子，只因郅支牵制西方，恐其与乌孙联合共同袭击臣下，所以未能如愿。今郅支已伏诛，愿入朝拜见。"

常愿谒见。刘奭品味着这四个字。甘露三年

（前51），那是他第一次来吧，先帝派车骑都尉韩昌远道迎接，途中经过的七郡均安排了两千名骑士充当仪仗和护卫，礼节规格高于诸侯王。拜见先帝时，先帝准他称臣，并颁给他黄金玺和印绶，赠予很多礼品，其中有华丽的冠带衣裳、装饰着美玉的宝剑、黄金、铜钱、衣被、各种丝织品及绵絮，等等。他在长安待了一个多月，让他回匈奴，他请求留居光禄塞下，如有紧急情况，则可保卫大汉的受降城。如此看来，这个呼韩邪不一般。先帝派长乐卫尉高昌侯董忠、车骑都尉韩昌率领一万六千骑兵，将他护送出朔方鸡鹿塞。不仅如此，先帝还诏令董忠等驻军塞外，"助诛不服"，并先后调拨谷米和干粮几万斛援助他。第二年，呼韩邪遣使朝献，先帝对之礼遇有加。又过了一年，呼韩邪第二次入朝，先帝盛情相待，又赠送了许多礼品。朕初登基时，呼韩邪就上书说匈奴缺粮，又拨去粮米二万斛援助他。这一次入朝，就是第三次了。

常愿谒见，这次还说要给汉室作女婿。刘奭反复回想着。此次郅支被灭，呼韩邪也统一了匈奴各部，他既已臣服于汉，又进一步提出和亲请求，想来也是为稳固汉匈关系。如此也好，兵戎消弭，边境可获长久安宁，于百姓于社稷，有百利而无一害。

急促却轻盈的脚步声响起，掖庭送来了五位宫女的画像，恭请皇帝选定。这时刘奭感到身心俱疲，他想歇息。即便如此，他还是命人将画像呈上来。当左右将画板依次排开，五幅浓淡相宜的美人像浮现眼前，他的脑袋却轰鸣起来，突然一阵眩晕。

刘奭似乎看到了自己不忍回忆的那一幕。

当年，刘奭还是太子时，最宠爱的姬妾司马良娣病死。刘奭忘不了她在临终前对自己的哭诉："妾不是死于天命，而是那些娣妾良人无法像我一样获得太子的宠爱，纷纷诅咒我令我致死。"这令他对那些姬妾心生怨恨厌恶，从此不再亲近她们。

后来宣帝知道了这件事，就让皇后从后宫挑选一些宫女，让太子择选。当年，皇后为他挑选的也是五位宫女。刘奭虽然厌倦，但圣意不可违——他随手指了一指，便指中了王政君，便是当今皇后。

这一次，刘奭又轻轻抬手一指。

掖庭令躬身上前，将指定的那块画板呈上。刘奭揉了揉双眼，看到了画像嘴角的那颗黑点。他立刻怔住：这不是梦里出现的日蚀吗？

刘奭浑身颤抖着站起来："拿走，快拿走！"

"皇上，是她吗？"

"是她，就是她，快给朕拿走！"

或许这就是天命。昭君在离开掖庭迁往别宫的路上沉思着。上天看到我的现状，又看到我的准备，给了我这次机缘。还有，这也是婕妤的庇佑。

细碎的马蹄敲醒了被细雪覆盖着的黄昏。昭君第一次见到身高、毛色几乎一致的四匹健马，这便是大宛马么？多么轻巧华丽的步伐，像香溪的小浪摇摆着小舟，就这样带着绚丽的彩光穿透了宫墙厚积多年的灰暗。她舒畅地仰起头来，长长呼出一口气。她看着那股白气在半空缭绕，如烟般飘去，成为一朵隐去面目的云。头顶的伞盖将今日最后的阴影投下，白雪被车轮碾过的辙痕上渗出微微泛蓝的锈色，也让她眯起来的眼睛感到舒适。她的脸颊触到了伞杠，青铜的凉意立刻传遍全身。她侧过身来，看到杠箍竟然是竹节形状。她惊喜地叫出来。旁边的女官不明究竟，投来诧异的一瞥。啊，多少年没有见到过竹子了！她抚摸着杠箍，神思不知所往。向晚的风忽然变得强劲，安车转过夹角，来到了一条宽阔的路上，视野宽广起来，一些雄伟的建筑银光闪闪地出现在眼前。

"公主似乎没有看见过长乐宫吧？"女官讨好地问道。

"长乐宫？这里原来便是长乐宫啊！长乐未央，好高大啊！"

"这一路上的宫墙里还藏着未央宫、桂宫、明光宫、北宫、长信宫，好多呢。"

"哦，真是壮观。如果不出来，我还以为长安城只是掖庭那么大呢。"

"公主说笑。这才仅仅是宫城的一部分，长安城还在宫城之外，外面更有山一样绵延的许多宫殿。还有阔大的上林苑和昆明池，那可是游春的好去处。"

"长安……真是繁华。"

"公主不知，莫说这么多宫，宫里还有殿。就拿未央宫来说，里面有猗兰殿、承明殿、清凉殿、宣室殿、温室殿、金华殿、玉堂殿、白虎殿、麒麟殿……啊呀，还有许多，说也说不尽。"

女官一口气讲了如此多的宫殿，昭君听说过的却没有几个。也难怪，宫门之内，深如大海，这么多殿，想必皇帝也不能一一巡遍。那么多宫人，又怎么可能都见一遍？

昭君自嘲地笑笑，然后凝神望着远天将要坠下的太阳。

公主？昭君记得女官一直称呼自己为公主。不过，她很快便想明白了。

离开长安的时日尚且不知，而皇帝最终召见的日子也未确定，在一种并不平静的心绪中，昭君开始接受各种训练。有人教她郊祀歌，有人教她佾（yì）舞，还有教她律历、天文、地理等的，并找来一个匈奴贵族女子教她匈奴的日常用语，给她介绍呼韩邪单于家族。多少有些意外的是，到了晚上，她的饮食中增加了肉食和酒。肉食以羊肉为主，基本都是大块，带着肋条或胫骨，配有枸酱和豆酱。昭君觉得羊肉是一种美味。到后来，她甚至可以吃下去半只小羊腿。至于酒，她不知道自己有天生的好酒量，只是觉得要寻找适口的那一种。有几天里，她习惯了晚餐吃半只羊腿，喝三耳杯清酒，再加上半块胡饼。夜晚她会过得很舒适，身体暖意沛然，而且什么梦都没有。

昭君要求见史官。她请求史官给她一些简牍，被委婉拒绝了。不过，史官给她讲了李广、卫青和霍去病，讲了汉匈漠南之战、河西之战和漠北大决战，讲了苏武和李陵，讲了世代与单于联姻的呼衍氏、兰氏、须卜氏三大匈奴贵族，甚至讲到东周列国时赵国李牧一举歼灭匈奴十万骑的史事。不知怎么，昭君想让他讲讲皇帝——史官则立即告退了。

辞都别国的日子终于定下来，皇帝要设群臣宴款待呼韩邪单于，同时召见王昭君，并为他们送行。昭君暗暗渴望的这一天即将来临，她要亲眼看看未来的夫君，还要看看皇帝的脸。

她心下暗想：我不是一个被遗忘、被冷落、被抛弃的人，我也没有错过任何机遇，我的命运指引我坚守到今天，我必须修饰出最美的样子。我是大汉的公主，我有大国的气度，我要让我的明艳照亮长安，照彻万里疆域——我要让他知道：你得到的是旷世之宝。

吉日。雪霁。

未央宫。宣德殿。

光线从檐柱间和帷幔下斜斜射入，屏风后的案几从大殿入口一直排伸至殿内，那些杯盘卮魁尊壶整齐地摆放在案几上。

当诸位臣子依次站席跪拜行礼后，皇帝刘奭被众内侍拥入大幄。然后，呼韩邪单于近陛行礼。在皇帝的示意下，大家纷纷跪坐而落。

呼韩邪今天修整了胡须，显得精神焕发，看上去与四十出头的刘奭相比也差不了几岁。他戴了一顶全新的貂皮帽子，穿着全新的短皮上衣和紧口皮裤，足蹬络鞮。尤为醒目的是腹下腰间一枚宽大无比的带扣，金光四射，隐约凸显着猛兽的轮廓。他坐好后整理了一番袖口，然后摘下帽子，环视四周，与相识的大臣颔首示意。

傅昭仪到来的时候，昭君正在作见君的准备。经过一番思虑，她决定将发髻编成楚式结，就像

《楚辞》里说的"激楚之结，独秀先些"。不过，她从未见过这样的结，也不知该如何去编。思来想去，她回忆起数日前乘坐的安车车衡上立着的那只鸾雀，不禁眼前一亮。在宫人的帮助下，鸾雀在她头顶复苏，朝着天空画出一个微小的弧度。只是玉簪、金钗反复试过，没有哪一种相宜，这时，傅昭仪到了。

"你知道吗？昭君，我曾偷窥过你。"

傅昭仪将一只手搭在昭君腕上。"我听说有这样一个主动请辞远嫁匈奴的女子，怎能不看一眼？那一天，你在学说匈奴语，我隔着门悄悄地看了你很久。唉，回去的路上，我哭得跟泪人似的，也不怕你笑话。"

傅昭仪的眼圈红了。

昭君有些无措，她不知该如何安慰眼前这位贵妇。见她第一眼，昭君就对她怀有好感——她有一张娃娃脸，不涉人事的感觉，尽管她要比自己年长得多。

"咱们喝一点儿清酒吧。"说出这句话后，昭君也吓了一跳。

傅昭仪莞尔一笑。"那可真是好，就喝一杯好了。"

两只耳杯一倾即空，在黑亮的漆边各自留下一抹胭脂。

"昭君，非常美妙的发式！"傅昭仪轻轻抚摸着昭君的结髻，想了想，从自己头上拔下垂珠步摇，为她插上。"昭君，这件步摇的玟瑰光芒恰好衬托你头发的青色。"

昭君没有说话，行礼拜谢。

"昭君，我这次来是给你送面衣的。大漠沙尘飞扬，戴上面衣可以遮护眼耳口鼻。这件紫纱地面衣有两层，外面一层金线绣了花，好看；里面的细密柔软，也透气舒坦。"

"哦，还有，"傅昭仪转过身子，招手命门口的一个女孩过来，"她叫怜波，广汉郡人，跟了我很长时间，懂得不少，识字。漫漫长路，今后的日子就让她代我陪着你吧！"

一群寒鸦在宫殿上回旋。在它们的俯视下，这一片大地车辙交乱，足痕遍布，融雪成泥。远处尚且洁白的深巷里驶出一辆安车，四匹马稳稳地行走。大地如此静默，四围的宫殿仿佛还未从冷夜寂梦中醒来，小小的安车成了最灵动的所在。马匹在宣德殿前停驻时，寒鸦们纷纷落上檐脊。它们看到从宫殿的某个夹角跑出一个影子，影子和车辆之间的距离急速缩短，一瞬间，那个影子已仆倒在马蹄前方。寒鸦中的一只扇动着翅膀跳了几跳。

匈奴贵族女子俯卧在泥水中，向上举着双手，手中摊开一团白色。

"尊贵的公主，请接受我的心意吧！这是一条白貂围脖，为您御寒。"

昭君下车，搀扶她起来。她撩起面衣，示意女子给她围上脖颈。

"我会记得你的。待我回去王庭，一定找你来见。"

这几句话，昭君用匈奴语说的。

女子顿时泪流满面，重新仆倒。"尊贵的公主啊，我再回不了匈奴，我要永远留在长安这里啊！能够服侍您是我一生的荣耀！希望您长寿！"

昭君闻言低低哦了一声。她像是回答她，又像是自语，一边走上大殿台阶，一边说道："是啊，

匈奴贵族女子俯卧在地，双手向上举着，摊开一团白色。

大汉总有大汉的好。"

昭君立在殿前等候通报，皇帝刘奭正在与呼韩邪单于交谈，满座的大臣也在窃窃私语。十几位宫人穿梭忙碌，为宾客备足酒菜饭食。突然，响起"宣王嫱进殿"的通报，一时倏然寂静。所有的目光转向大殿门口。

呼啦啦飞起一群寒鸦，在那不算远也不算近的一方光明里，几片翻卷而下的羽毛缓缓降落。

高槛上出现了一个黑点。黑点长起来，近旁的大臣能够辨认出那是一只鸾雀，上缘泛着奇异的青芒。然后一袭硕大的面衣升上，紫光摇曳，随之一阵阵花香漫溢开来。当他们几乎陶醉在香气中时，从眯缝的眼际又望见一环绒白，接着涌现的是一团丹红。很少有人见过这样特别的锦袍，它有着重重厚缀的边缘，袖子却精短宽大，露出里面的十二色绮罗腕口。昭君从他们面前跨过，他们口角微张，直直地目送着这个身影。

呼韩邪看着她从自己面前走过，嗓子发干，心跳急遽。他迷迷糊糊地望着那个影子在动——影子缓缓抬起衣袖，就像一只高傲的神鹰攫走他的梦幻。

面衣终于被摘去，刘奭眼前变得明亮无比。昭君今天脸上敷了胡粉，用石黛淡扫了眉，两颊扑了薄红的粉，嘴唇微抹胭脂，且在唇尖稍浓地点了丹。那些珠璎颈饰藏在白貂围脖下，但托起了一双暖玉耳珰。腰间的素丝大带旁悬垂着由玉璧、穿珠和玉珩组合的配饰。昭君特意将褒衣内贴身的五彩玉玦拿出来，挂在胸口。而腕上，她只戴了一只铜镯，上面阴刻着一些南方的花纹。

刘奭略觉恍惚：这个女子难道就是我随手一指，指到的那个？

他努力回想那天的情景，一颗黑点浮上心头。

他朝她的嘴角看去，他记不清那个曾经的黑点出现在什么地方，但眼前这张脸完璧无瑕。是胡粉遮盖的缘故？如此，这倒是个聪明的女子。

皇帝对昭君端详许久，方才回过神来，心下未免有些遗憾：如此佳丽，为何之前未能得见？如今将要远嫁，悔之晚矣。罢了罢了，不便失信，让她去吧。

刘奭摄敛心神，指指旁侧下方的单于。"王

嫱，那位便是匈奴单于呼韩邪，你去见一见。"

昭君行礼后，慢慢转过身。众臣一阵惊呼，席间有了小小的骚动。有人感叹，就像宋玉笔下的神女啊，一位大臣忍不住吟哦起《神女赋》来："夫何神女之姣丽兮，含阴阳之渥饰。被华藻之可好兮，若翡翠之奋翼。……"几声低低的咳嗽阻止了他。

昭君款步来到呼韩邪面前。她微微躬身示意，却不见回应。她仔细打量他，觉得与画像上不太一样：脸和额头都很宽，鼻子扁平，嘴唇很厚，只有眼睛一致。现在，这双细窄狭长的眼睛慌乱无神，并没有画像中的英气。

昭君有些失落。她又一次躬身行礼后，转身离开了。

刘奭呵呵笑了起来。"呼韩邪！呼韩邪！"

呼韩邪一愣，听到皇帝呼唤，急忙趋前礼拜。

"呼韩邪，朕的公主如何？"

呼韩邪抬头看着昭君的背影，略显羞愧地说："如睹天人。"

刘奭亦有些感慨。"朕待你不薄啊，呼韩邪，大汉待你不薄！你，还有整个匈奴，也得待朕不薄，待大汉不薄啊！"

呼韩邪深深俯身于地。"臣呼韩邪万死不辞！"

刘奭转向昭君。"王嫱，听说你是自愿请辞，那是缘何啊？"

昭君垂首道："汉匈百余年战争，百姓多苦。嫱虽不才，也知道嘉我未老，尽瘁事国的道理。居汉室多年，时时感到皇上的仁爱，到了需要嫱的时候，嫱又岂能避之？"

刘奭不禁抚掌。"真是德行皆备的美人！那么，朕再问你，你是南郡人，可知匈奴大漠的辛苦？"

昭君略略颔首："大漠之苦，嫱多少有所耳闻，匈奴百姓世代可以生活的地方，一定有他处不能相及的美好。呼韩邪单于忠诚英勇，是匈奴百姓可以依靠的一代明主，更是大汉可以信任的臣子。嫱又有什么不能克服。"

刘奭站起身来："宣朕旨意——匈奴郅支单于背弃礼义，现已伏罪，呼韩邪单于不忘恩德，向慕礼义，重新恢复朝贺之礼，愿保边塞永远安宁，边境永远没有战争。今赐单于待诏掖庭王嫱为阏氏

（yān zhī），改年号为竟宁。"

随后，刘奭把酒杯高高举起。

落 雁

　　暮冬。万里浓云将高空堆成铅色，远方的林杪霜痕犹在，联袂而生的枯干瘦枝散开着，薄雾浮荡。昭君独立水边，望着这条北方巨大的河流裹挟着琉璃般的碎冰，朝向旷野静静地波动。在河水与天相融的极处，延伸着一片耀眼的黄铜的光泽。那是河水在锻造它的城郭，一个无比昂贵且永远不能抵达的城郭。它将是人们望之俯首的受降城。她感到一阵寒冷。这里的冬天似乎比长安更加阴郁，风大面积地吹过，带着它们的箭镞以及皮鞭。

　　北去之路才刚刚开始。

　　长长的车队停驻驿道，等待着渡河。这个地方是蒲津（在今山西永济），早在秦时便筑有浮桥，二百多年过去，已然成了危桥。加固的工程从一个月前开始，为的就是保证和亲队伍顺利经过。昭君伫立处的下方，一排排船只已经延绵至对岸，一些宽大的方舟载满石块，由工役齐力划靠在各个指定的地方。比船为桥，造舟为梁，说的便是这样吧。昭君想。

侍女怜波怀抱一袭暖裘从辎车一侧小跑过来，轻快地披上她的身体。她捏着那一双冰凉的手，忽然感到心疼。

"哈，就快造好了！"怜波迅速抽走双手，放在嘴边呵气。"阏氏您看，真是壮观呢。喏，这里连在一起的四条船就是维舟，那边的方舟是两条船并着，还有这些单独的船叫特舟。阏氏您看，那边铁柱和木桩上已经连接了铁索，等那些损坏的木板换好后，咱们就可以渡河了。"

"怜波啊，你怎么知道这些？"

"昭仪让我多多地读简牍，什么《尔雅》啊，《礼记》啊，《左传》啊，《鲁故》《鲁说》啊，《明堂阴阳》啊，《封禅议对》啊，还有《孙子》。"

昭君若有所思。这位傅昭仪不仅人善良，还颇有见识。能让宫人读典籍，也真是难得。倘若，宫内人人都有这样的机缘，那该会是一个什么样的景象啊。

她不禁想到匈奴，想到呼韩邪。大约半个月前，呼韩邪沿着秦时直道北上，先期返回匈奴王庭，准备娶亲事宜。临行时呼韩邪给皇帝上书，表示愿意为大汉保卫东起上谷（今河北怀来）西到敦煌的边塞，恭请皇帝撤走戍守边塞的士兵，以使大汉百姓休养生息。昭君记得皇帝回复他的口谕："单于上书希望大汉撤回北方戍卫的士兵，愿意子孙世世代代替大汉保卫边塞。单于向慕礼义，所以替百姓考虑得很多，这是一个长久之策，朕非常赞许。只是大汉四方皆有关梁障塞，并非只是用于防御塞外，也是为了防止大汉的奸邪放纵之辈，逃出去成为流寇祸患，因此明确法度以使众人安心。单于的意思朕非常明白，对此没有任何怀疑。"

昭君听说皇帝曾就此与群臣商议，郎中侯应提出不可应允单于之请的十条理由。第一条主要从汉匈征战历史讲大汉建塞起隧、筑城设戍守卫，才令边境获得一些安定。漠北地平，少草木，多大沙，匈奴来犯，很难蔽隐，如果撤走戍守边塞的士兵，等于给了匈奴极大的利益。第二条针对匈奴如今稽首来臣的现状，夷狄的天性，艰困时卑微顺从，一旦强大则骄横违逆。之前已经废弃外城，停止修建防御工事，如今只要控制保证能传递烽火即可。第三条，大汉有礼义之教、刑罚之诛，百姓仍免不了犯禁，单于能保证他自己以及他的部下不会犯约吗？第四条也颇有道理：大汉设立边塞，屯戍士兵，不独为了防范匈奴，也为防范诸属国降民逃走。第五条，撤守边塞，不利于处置因边境贸易而起的种种纠纷或事端。第六条，防止士兵逃亡出境。第七条，防止边民逃出边塞。这两条都出于担心大汉人口流失。而盗贼流寇之徒被逼急了逃亡北出，不可控制，这是第八条。第九条比较现实，起塞以来一百多年，花费了巨大的人力物力财力，才建成了这些防御工事，一旦废弃，障塞破坏，烽火不传，还得花费巨大来修缮整治。最后一条则深谋远虑：如果撤走戍卒，单于就会以为大汉保塞守御而居功，一旦不称他意，则后果不可测想。

昭君也认为呼韩邪的上书有些不智。她这几日内心并不平静：究竟是他本心简单，还是别有所图？

安不忘危。昭君轻轻念出这四个字，觉得天空愈加低沉了。

昭君从午后的梦中醒来，她问怜波："我们这是到了哪里？"

怜波说："在涑（sù）水河谷走着。"

涑水。北方竟然也有名字这么好听的河流。

昭君又想起呼韩邪的上书。他为什么会提出让大汉撤走守边士兵的要求？或许，他还不懂得如何表示忠诚。

无论如何，这是个不妥的请求。记得白登之围时，使臣刘敬就指出匈奴人十分狡诈。希望，呼韩邪是特殊的例外。

一大片开阔地迎面而来。铁甲护卫队的侧面出现一队工役，队中有人挑着担囊，有人推着鹿车，车上堆着一些鼓鼓的布橐。昭君依稀闻到几丝熟悉的味道，那是家乡井中出盐的味道。当卤水煮尽，白白的盐块从铁釜中倒覆而出，露出焦黄乌黑的底子，人们总要用沾湿了的手指去点一点，然后放到舌头上尝尝那种咸香。

"也不知匈奴产不产盐。"她不禁自语。

怜波便接话道："据说匈奴也有咸水咸海，但从不出盐。他们的盐，一是跟汉人贸易，用牛羊马匹来换，一是来抢。也有汉人偷偷运到匈奴贩卖的。"

昭君想了想，问她："如果汉匈和好，大汉将边塞守军撤走，会不会是一件好事？"

怜波张大了眼睛。"阏氏啊，汉匈和好是一回事，守卫边塞是一回事。一进一出还都得依礼依律呢。"

"那么，倘若匈奴提出，他们来替大汉守境，会是什么意思？"

怜波小心翼翼地问："单于今后会为难阏氏吗？"

昭君叹了一口气："这一次真是我想简单了。"

抵达太原郡的傍晚，天空飘起了雪花。车队进入晋阳城，雪下得迷离狂乱，啸风烈烈。道左的悬瓮山宛如盐塑，一座古老的献亭陷入天地的苍茫，晋水冲刷着两岸高冰，带着剧烈的跌撞回响从桥下远去。灰暗的城墙被乌云压得很低，道辙不断堆积着新雪，暴露出大地交错凸起的筋络。

太守携都尉率骑迎接。食毕安歇。

为昭君照明的是一盏行灯。油的味道并不好闻，火苗常常伴着黑烟摇摆。木床也显得陈旧，上面铺着蔺席。或者是为昭君考虑，临时用青绢包了边。蔺席有三层，坐上去轧轧作响。怜波将那张菱席覆在上面，四角重新压上青铜虎镇。环顾周围，室内家具很少，还好有一只凭几，竟然还是漆器。作为守边之城，如此也颇不容易了。

风雪愈来愈大，寒意透墙。昭君萌生了喝酒的想法。怜波挪来一张木案，取出壶与耳杯。晋阳没有清酒只有薄酒，昭君勉强饮了一杯，身体微暖，疲倦之意便浓了。

"怜波，陪我说说话，让我睡着。"

侍女蜷缩在一方木榻上，与昭君距离不算

远，灯光恰好可以映亮她一侧的眼睑和面颊，以及精巧的鼻廓。

"阏氏可听说过韩王信？"

"嗯，是那位甘受胯下之辱的韩信将军么？"

"不是的，阏氏。韩王信是东周列国韩襄王之孙，秦末曾领兵随高祖入关，因为攻占韩地十余座城立下大功，被封为韩王。"

哦，原来是两个人。

"阏氏啊，因为来到了晋阳，所以想起韩王信。后来高祖为了防范韩王信，将他的封地从战略要地的颍川迁到太原郡，都城晋阳，诏令他防御匈奴。阏氏啊，您想想，中原多好啊，又富庶，又温暖，太原这里多苦啊。韩王信是个聪明人，他知道高祖对他起了戒心，主动要求把都城迁到更北更靠近边境的马邑。后来，匈奴冒顿单于包围了马邑，韩王信不敌，私下与匈奴和谈。高祖派兵救援，但怀疑韩王信有背汉之心，致书严厉斥责他。韩王信害怕被杀，于是降了匈奴，反过来领着匈奴人南下来攻打大汉。"

昭君坐起身来。怜波一见，也披着被子起来。

"高祖很愤怒，亲自率军出征，将韩王信击败，杀了他的部将王喜。韩王信便逃到了匈奴。高祖进入晋阳后，匈奴又来进犯，再一次被击败。后来，柴武将军在参合斩杀了韩王信。"

昭君点点头："嗯，这便是多行不义必自毙。"

"阏氏啊，柴武将军曾劝韩王信及时回头，归顺大汉。您猜韩王信怎么说？他说，我有三条罪状，一是荥阳之战时未能以死效忠；二是匈奴进攻马邑，未能坚守城池而投降；三是如今与将军交战。数完三条罪状后，又说，文种、范蠡没有一条罪状，却落得一个被杀一个逃亡。现在我有三条罪状，岂敢想在世上求活？我不是不想归顺，只是情势不允许罢了。阏氏啊，您看，这样一个人还埋怨天不可怜他！"

怜波等了等，没听到昭君的回应。她认真看去，以为昭君坐着睡着了。

此刻昭君内心五味杂陈。文种、范蠡没有一条罪状，却落得一个被杀一个逃亡，这句话在她脑中一直盘桓不去。

昭君默念着呼韩邪的失策。真的以为同席而

坐，内附和亲就能够消弭边界了吗？太天真了。

注定又是一个漫漫长夜。因为无法入眠，此夜愈显绵长。

雁阵的鸣声早早来临，高天有了初春的讯息。

道路愈显狭窄，山色忽明忽暗，枯叶当道。转过一个极大的弯道，深峻的两山亮出相对的利刃，黑黢黢的。

勾注山铁裹门（今雁门关）到了。

怜波说："阏氏，当年韩王信领着冒顿单于下围晋阳，便从此处经过。"

铁裹门。的确，如此陡直的山势不仅泽光如铁，去意也一样。昭君在辒车内默想。

"这里也是高祖遇到刘敬大人的地方，"怜波望着天空呵着长气，"如果高祖能够听取刘敬大人的忠告，就不会有白登之围了。"

靠近边塞，这样的事情会越听越多。

驻扎在勾注塞的身着铁甲的军士们列队向车队致敬。最近因为失眠，昭君始终昏昏沉沉，她觉得自己就要病倒了。车队因此在这里停下，马匹去自由吃草，太医则支好药镶，煮沸一锅祛除风寒的草药。服过汤药后，昭君有了些精神。久坐无聊，便让侍女陪她登上勾注塞，看看北地的风景。

怜波突然蹲下身去。"咦，一个带钩！"

她从黄土中掏出一个柱状带钩，钩钮处连带着一角布帛。下来迎接她们的将官则在夯土墙上随意抠动，掌心便落了一枚箭镞。怜波好奇，探手也去摸找，很快也发现了一枚。她扯了几扯未能取出，又用另一只手来掏周围的黄土。一阵尘雾弥漫，箭镞终于被拿出，却深深扎入一块白骨中。

将官默默躬身捡起这块骨头。

几个人登上土城，只见林立的兵士尘灰满面，神情肃穆，望着远处的漠漠平林。这些手执长铍短镁的男儿却一身絮衣，与那些铁甲闪烁的队列相差甚远。昭君心有感慨，一一颔首而过。

将官说："近来兵戎暂歇，否则万不能请公主来此高楼瞭望。"

昭君将身体贴紧垛口，眼界之辽阔远远不同于蒲津所见。收获后的大地空荡荡的，因为瞭望所需，几乎所有的树木都被斫毁，留下荒草不可遏止地生长。目光所及，不见人舍，更无牛羊之类的活物。

昭君指着西北方向问道："那边成堆的丘陵是哪里？"

将官道："坟墓。"

昭君心内涌起一股凉意。

"征战这么多年，每次成堆成堆地死，成堆成堆地掩埋。这其中有汉人墓，有匈奴人墓，也有汉人匈奴人混葬的，根本分不清，就那么掘土埋了。公主看到的只是一小部分，大多数都被战马踏平了，有时候挖土埋人，挖着挖着就挖出了骨头。"

昭君不忍再看。

将官说："公主请下来吧，天气太冷了，这里风烈。"

他们沉默地经过一处城墙掏出的窑洞，将官指给她们看——那个夹角高高堆起带钩和箭头，红褐交叠，一片斑斓。

"这些都是随手捡回来的，还可以重新铸造兵器。"

侍女好奇地蹲在那里翻弄。昭君瞥见有几个仿佛呼韩邪腰际的那种带扣。她弯腰拾起一二仔细端详，上面是猛兽的图案，有的正在噬咬一头牛，有的被群狼围攻。她的指尖微微颤抖。

"哦，有一个奇怪的带钩，不知公主能否看懂。"

将官低下身子进入另一孔窑洞，不一会拿出一个小小的物件。昭君在洞外翻看，原来是一只水鸟形状的带钩，尚不及箭镟的尺寸。她有些明白了，这一定是从一位南方兵士腰间取来的。鸟身与钩钮几乎一样大小，而鸟喙则长长地画了道弧线。带钩打制得十分精致，两侧还阴刻出一双敛收的翅膀。虽然是青铜，但泛着幽冷的碧辉。她抬起头，似乎望见了南郡的天空……她向将官讨要了它。

回到车上，昭君紧紧攥着带钩，有几次感到它在往自己手心里钻。深宫怎会知道带钩也会成堆成冢……

辎车动了起来，蹄声纷乱叠沓。

昭君没有想到不久前望到的那一片坟墓，竟然很快出现在车外不远处。墓丘无一例外地被野草掩盖，野草一丛一簇地滋生。车子的行进中，昭君看到了这样一种壮阔和连绵。墓丘一层一层地涌现，大大小小，不绝如缕。她无法抑制心中的颤栗——这片大地只会生长坟墓。

昭君将琵琶抱在怀中，似乎琵琶是一面盾牌。

啊，呼韩邪，他想消弭的不是边界，而是战争。他有他的雄才大略，然而一百多年的仇恨怎么可能一夜就被忘却？

她想起傅昭仪说的一番话——都说匈奴如蝎，实出于地不利之故。昭君，你的到来，对匈奴而言，或许才是一个真正的开始，一个全新的开始。因为你，他们将学会有尊严地生活，明廉知耻。如此，和平才体现出真正的意义。而你，你的请辞，你的一切牺牲，从此才有了意义——昭君问着自己："我，可以吗？"

她忍了很久的泪水这一刻夺眶而出。

不应再有死亡。

昭君将弦柱细细调整。她的手迟疑不决地搭上四弦，上下来回轻抚。高空传来雁唳，最后的墓丘在车队的转弯处渐渐远去，铁裹门缓缓合拢。

落雁 57

她抬起右腕，像做了一个决定的手势那样拨响了琵琶。

单 于

匈奴，传说其先祖是淳维，是夏朝王族的后裔。匈奴单于姓挛鞮氏，匈奴人称之为"撑犁孤涂单于"。匈奴语中，"撑犁"的意思是"天"，"孤涂"的意思是"子"，"单于"的意思是"广大"，连起来便是"天子广大"，就是说单于有上天赐予的权力，是上天的儿子，应该受各方尊重，拥有广大辽阔的土地。

单于的意思为广大，这个在昭君学习语言时，匈奴贵族女子已经讲过。还有呼韩邪，意思是广智，是一个尊称，他的本名是稽侯狦，他是虚闾权渠单于的儿子。

朗日普照，四野明黄。自出塞后匈奴骑兵迎

护，辎车两侧就始终游走着泛着油光血渍的皮袍，伴着强烈的腥膻味道。马蹄隆隆，人声寂寂，间或有嗯哨般的鸣镝远去，想是互通消息。前几日从红砂四伏的火山岩口到参合口的一段路重车难行，她们改乘骆驼。这种身形庞大的动物神情傲慢，一边悠然踱步，一边不停地咀嚼。舒适的驼架抬升了她们的视野，远处与天相接的一线俱是山脉，忽高忽低地展开，因为草木稀疏且低低地倒伏，山色一律赭黄。云朵麇（qún）集，降得极低，大面积的缓坡上是它们滑行的暗影。

"难怪这里叫善无县，匈奴语里就是指梳子，阏氏您看，眼前自上而下的山形可不是像一把梳子？"

昭君微笑着说："你说得对，就像马蹄梳。"

怜波说："记得冒顿单于时派使者来，当时皇上赏赐了很多物品，有绣袷绮衣呀，长襦呀，锦袍呀，黄金犀毗呀，竟然还有梳子。"

昭君想了想道："匈奴披发，不善打理，难免生出虱虮，篦栉之类的也能用上。"

也许是骑乘骆驼久了的缘故，此时坐在密闭的车中，昭君感到腰部酸痛。车轮似乎并非走着直线，时左时右，坑坑洼洼的，虽然水草柔滑，不甚颠簸，但她身体很不舒服。而那个即将到来的婚礼，以及全然陌生的宴席，连同那个即将到来的黑夜，都令她难以宁静。

关于呼韩邪单于的婚姻，匈奴贵族女子给她细细讲过。单于的长子名叫铢娄渠堂，现今大约三十三岁，他的母亲是乌禅幕的女儿。五单于争立时，乌禅幕部落是拥立呼韩邪就位单于的关键力量。铢娄渠堂九岁时升任右贤王，十二岁那年被送到汉室做人质，十年后回到匈奴并升任左贤王。比较复杂的是左伊秩訾（zī）王的哥哥呼衍王的两个女儿，二人都嫁给了呼韩邪，姐姐是为颛（zhuān）渠阏氏，妹妹则是大阏氏。颛渠阏氏为呼韩邪生有两子，长子名叫且莫车，次子名叫囊知牙斯。大阏氏生有四子，长子名叫雕陶莫皋，次子名叫且麋胥，老三名咸，末子名乐。这六个儿子按照年龄大小排序，一是雕陶莫皋，今年十七八岁的样子；二是且麋胥，比雕陶莫皋小两岁；三是且莫车，又比且麋胥小一岁；囊知牙斯排在第四，比且莫车小两岁；咸、乐分列五六，一个十一岁，一个九岁。此外，还有八岁的助，至于他的母亲是谁，贵族女子也知之不详。七岁的舆，母亲是第五阏氏。六岁的卢浑，母亲是屠耆阏氏……

昭君记得贵族女子喋喋不休的样子。还有多少个儿子，她已经无法记清了。孩子们是一个问题，众多的阏氏们也是一个难题，今后该如何相处，彼此相安无事？

她回忆了一下，这些孩子中与自己年龄接近的应该是雕陶莫皋，如果所言不虚，他比自己小仅仅两岁。只大两岁的母亲！她不由得苦笑。

咸、乐、助、舆、卢浑，听起来像是汉名……尚且不错。

侍女怜波发出低吟般的鼾声。昭君心疼地看着她。这个孩子，看上去也就十三四岁的模样，便随我吃这般苦。傅昭仪真舍得。

那应该是……囊知牙斯的年龄？

昭君不知将来该如何安排她，纷繁复杂、接踵而来的事情使人异常疲惫。

乌青色的烟雾弥漫在穹庐里，伴着那种强烈刺鼻的腥味，耳际混合着木材炸裂的噼啪声和脂肪沁出热油的嗞噗声，还有被呛着的低促的咳嗽声，以及外面远方马匹的嘶鸣。那只无头的羔羊被火焰缭绕着，变得胀大且微微晃动。匈奴女子长跪在地，手执铁刀，熟练地划开烟色浓重的羊腿和胸肋，置于盘中。昭君面前的金盘蒸腾起一阵热焰般的湿气。她看见肉块的表面有一股暗黑的血流从其下渗出，沿着盘底的边缘划出半圆的一道线。匈奴女子呈上一方宽大的木盘，里面有盐盒，有混合了羊乳的盐汁小盆，还有乳浆和干酪。此外，一把如匕的银刀，一把同样大小的铁刀，斜斜架在盘子边缘。她注意到铁刀残存着油渍和血渍，或者便是匈奴女子刚才手中拿过的那一把。十多天了，即使远比初来时适应，她闻到羊肉的味道依旧忍不住腹中抽搐。记得临行前在宫内吃的羊肉并不是这样的味道啊，还有，肉的纤维咬起来颇为费力，油血总会流溢而出。

这种味道与穹庐，与呼韩邪是同一个味道，这里的贵族都是同一个味道，就像不能通过香气来分辨的掖庭宫人。那一夜，她的身边似乎有十万只羊在沉睡。一场豪饮，人就变成另外一个样子。那些壮观的欢庆场面在她脑海早早消散，那些王公贵族阏氏们的面孔也已模糊不清。那些孩子，哦，怎么会是孩子，就连十一岁的咸身高都和自己相差不多，却壮如牛犊。他们可真和他是一个模子出来的，都是细长的眼睛，看人都颇有深意。

晚宴开始之前，她告诉呼韩邪一定要少喝，因为这是和亲第一个夜晚，入睡之前，他们二人要在穹庐面南，依礼遥谢汉家皇帝。为此，侍女怜波甚至找来了一匹母马第一次挤出的奶，早早备上拜案。昭君忘不了穹庐外的喧嚣乐舞、鼎沸人声彻夜连曙，他却粗暴地跌撞进来，大笑着想来拥抱。她命怜波守在自己面前，大声喝道："只要单于近前，你就下手杀了我！"她忘不了怜波双手握着小刀，瘦弱的身体一阵阵发抖。

第二天，呼韩邪宿醉醒来，依旧跌跌撞撞地出去议事，好像忘了头天晚上那一幕，甚至忘了还有昭君——宁胡阏氏——的存在。黄昏时分，他的马蹄声在穹庐前戛然而止，一个满面春风、英姿飒爽的男人阔步向前，却被怜波横刀拦住。昭君说："单于不要诧异，因为你的食言，所以我还不能让你真正成为丈夫。对我这样一个小女子尚且出尔反尔，汉家皇帝又岂能信任你！"虽然呼韩邪表示愧悔，伏地向南告罪，又再次祭献祖先，言明自己的过失，昭君仍然与他作出了约定：十日后再说。

仿佛发生在昨天。昭君看着盘中尚温着的肉丝毫没有胃口。怜波拎来一个灰色小罐，里面装着酒。

"阏氏，您要不来一杯？"

"也好。"昭君小啜着，觉得味道酸酸的。"这是什么酒啊，像乳似的。"

"阏氏说对了，这是马乳酒。"

"马乳也能酿酒？"昭君有些疑惑，又喝了一口。

怜波擦拭着留在罐颈的酒沫，说："阏氏啊，马乳可以做酒的。武帝时候，把家马改名为挏（dòng）马。挤好马乳，放在韦革做的夹兜里不停地摇晃，时间一到，就成了。所以它叫挏马酒。"

昭君莞尔一笑。怜波啊怜波，可为师矣！

捅马。摇晃之马？舞马？她的眼前慢慢出现了那些往返奔跑的马的影像。

那是几天前，呼韩邪为了讨好昭君，在狼居胥山和余吾水之间，安排了数万骑兵作征战状。呼韩邪陪着昭君一同策马，因为担心她不习惯鞍上颠簸，他的战马走得极慢。清晨从王帐出发，到了狼居胥的一处山顶，正午的阳光开始变强了。怜波及时为昭君戴上面衣。对于这次比较突然的出行，昭君无法猜测他的意图，但也觉得内心舒畅且欢快。来到匈奴这几天长歇穹庐，只是偶尔与其他阏氏们短暂会面，聊上几句。而到了旷野，首先空气就令她兴奋。她长长地吞吐呼吸，似乎要把腹内的羊肉还原回青青牧草。高处是一尘不染的天空，云朵都向四方垂降，头顶拱起一个透明而又温暖的弧度。天，好像一个大大的穹庐啊，或者，所有穹庐都是对天的模拟。

思绪翻飞间，她望见更远处的山头上摇动着旗帜，四围响起悠长的号角，然后从山谷与河谷的四个方向疾射而出四队骑兵，转眼便成为四道疯狂滋生蔓延着的洪流。昭君的心急遽跳着，眼前这一场突发的战争令她非常不安。她情不自禁地朝呼韩邪靠去。这时，他们身后一声震耳欲聋的号角昂昂荡开，昭君感到自己脚下的泥土在向一侧移动，四方人马早已汇合在一处，瞬间改变了谷地的颜色。所有的马匹几乎同时朝向这个山头，朝向呼韩邪。马上的骑兵高举铁刀弯弓，齐声呐喊着致敬。烟尘的细流从每个行列中袭出，在马匹后方弯绕成结，复再飘向河岸渐渐逸去。昭君颤抖地问他："是要征战了吗？"呼韩邪大笑着告诉她："所有的一切，都只是为了让你高兴起来。"

昭君沉下了脸。"单于以为我是妺喜、妲己、褒姒之流吗？难道没听说过烽火戏诸侯吗？"

呼韩邪尴尬失措。他低声说："匈奴不毛之地，没有能够使你快乐的东西。你常年在汉宫，没有见过厮杀场面，或许这麾下的铁骑可以让你忘忧。"

"忘忧？兵戎一举岂是儿戏！只会让我更加忧虑。你明白吗，指挥成千上万人马会于山麓水滨，往来狼突，号角破空，某日此事传入汉家皇帝耳中，你觉得皇帝会怎么想？"

更远处的山头上有旗帜在摇动，四周响起悠长的号角。

呼韩邪顿然失色。昭君摇摇头，说："纵有雄才大略，单于还没有学会如何与汉室打交道。你人心所向，在我和百姓看来固然大好，然而也是汉室警惕的一点。五单于之乱，凭受汉室恩威，你得以立位，重整匈奴秩序。这么多年的内争外战，匈奴物产尽失，百姓十户九空，即使全民皆兵亦不过寥寥三五万众。如今汉匈干戈既罢，百废待兴，当务之急是繁衍人口，蓄养牲畜，学习大汉耕种技术，以防天灾。汉之强盛，绝非你三次入朝所能识见，现今以汉之强，并不凌匈奴之弱，既给物资，又准和亲。你可知道，到嫱这里，汉室停止和亲已经百年。汉皇决定重开和亲，是他的仁德绵厚，难道不是你呼韩邪之幸？今天为了我的一笑，你调动如此多人马，汉室之外，难道你也忘了乌桓、丁令吗？"

呼韩邪大汗淋漓。

"不要试图逞强，也无需示弱，更不要想着与大汉分庭抗礼。汉室是重要的倚靠，以前是，现在是，今后更是。匈奴地瘠物乏，几百年来随水草而居，就像无本之木、无根之草在风中摇摆浮荡，始终难以稳固立足。没有立足之心，就没有立足之策，没有立足之策，便没有立足之地。匈奴强时，疆域阔大，一旦势去，空间狭小，只是白白死了那么多将士与百姓。大汉为什么可以持续强大，即使受辱也是短暂，就是因为它稳定，立足牢深。匈奴常年来抢夺的无非北方边境那些郡县，你抢你毁，而后复抢复毁，如此几番，直到再也无力去抢去毁，这是为什么？你想想，草原上野火一起，烧去那么大那么丰厚的草场，是不是第二年那里就寸草无生了呢？大汉一直在建设，建设是立国之本。你还没有到过我的家乡南郡，它在长安以南，间隔着重山叠水，还有漫长的距离。虽然远离长安，但南郡物产之丰富你是难以想象的，何况南郡以南还有武陵郡、豫章郡，其南还有桂阳郡、零陵郡，其南还有苍梧郡和南海郡，其南还有交趾郡。大汉之大，远超想象。你是天子，天把你我安置在北面不毛之地，自有天的道理。我来帮助单于把这个地方变好，让百姓衣食丰足，牛羊遍野，还要建设城池，种植豆麦，兴文习礼，真正成为汉室看得起靠得住的盟友。怎么样？"

建始元年（前32）二月，右将军长史姚尹等出使匈奴，带来了皇帝刘奭病逝的消息。

匈奴举孝。

大帐中，呼韩邪向姚尹回忆起十九年前朝拜皇帝的那一幕。

"当年，我从五原塞入，先帝派车骑都尉韩昌来迎，沿途经过五原、朔方、西河、上郡、北地、冯翊和长安七郡，每郡都发二千骑，陈列道上护卫相迎，宠卫如斯，荣誉莫大。先帝在甘泉宫召见了我，赐给我众多礼品。接见完毕，又安排我到长平观下榻休息。先帝再次接见我时，群臣以及各族的君长王侯数万，在渭桥下夹道恭迎。先帝登上渭桥，大家山呼万岁，至今想来都热血沸腾。"

姚尹纠正他道："单于提及的是孝宣皇帝。"

呼韩邪稍稍发愣。"唉，我也是老了，近来不时犯糊涂，朝不保夕的样子。"

姚尹宽慰他说："单于如今正是壮年，匈奴安定，人口增加，皇上闻知，也会为单于高兴的。"

呼韩邪神情黯然。"想起孝元皇帝厚待，心中愈发难过。记得孝元皇帝刚刚即位，我便上书说民众困乏，先帝诏令云中郡和五原郡调拨了二万斛谷子给我。郅支杀了汉使，后来先帝派遣韩昌和光禄大夫张猛送我侍子，问起这个事情时表示跟我没有关系，让我不要多心。韩昌、张猛见我百姓越来越多，足以自卫，便与我登上诺水东山，斩杀白马，以血盟誓。誓言从今往后，汉匈一家，不得相诈相攻，共同御寇，后世子孙悉令遵守盟约。如今诸事或记或忘，唯有这盟约不敢有遗。"

姚尹亦被感动。"如今新皇甫一即位，便大赦天下，宅心仁厚。此番派我来使，便是向单于表明汉室之意，就像单于刚才所说的盟约，汉匈一家，世代友好。单于有什么需求尽可提出，汉室会尽力以助。"

接着，姚尹提出想代汉室探望宁胡阏氏，并转交皇帝的礼品。

从王帐出来，天色稍稍转暗，姚尹一行加快脚步。不远处即见一排汉式建筑，据匈奴陪员说，阏氏如今住在那里。姚尹暗暗称奇。推行汉式建筑，是昭君改变匈奴百姓生活方式的一种，包括纺织、种植、改变烹饪方式以及炊具，甚至还有晒盐烧卤等。姚尹抬眼看到建筑瓦当上有字，借着熹微的光线仔细辨认，原来是"单于和亲千秋万岁长乐未央"十二字。瓦当比所见过的都大，中心有一个鼓凸的乳钉。

姚尹进到室内，见昭君穿着大袍，和她的侍女静静坐着。

姚尹行过拜礼后，先让随行人员将皇帝的赠礼一一抬上，逐一告陈。昭君听来无非是衣絮锦帛之类，另外有一些黄金。昭君面南谢恩。最后抬进来一个小箱子，姚尹言明这是定陶太后的礼物。昭君有些疑惑，姚尹解释说："就是傅昭仪。先帝驾崩，昭仪随子定陶王刘康回归封国，恭称定陶太后。"昭君感到一丝怅然。箱子打开，最上一盒装着一枚质地温润的玉笄（jī），包裹的丝绸上傅昭仪写了几行字，意思是说，这枚玉笄是给怜波的，无论她有无许嫁，到时都请昭君代她为之举行笄礼。第二个小盒里有一支金丝缠头的玉簪，一套由金环、金牌、金串珠和包金玉佩组成的耳坠，一个银项圈。小盒下方，是一尊鎏金铜豆型熏炉，一只铜温炉，还有一面铜镜，背面蟠螭纹，其间有"长相思毋相忘"六字铭文。

昭君嘴唇有些哆嗦，她吩咐给汉使赏赐并招待饭食。

怜波为汉使们端上了饭食，主要是酒和肉。不一样的是，羊肉不再火烤，而是放在一只铁镬里炖煮，散发着某种植物的清香。姚尹看到竟然有自己嗜吃的豆酱，喜出望外，觉得不可思议。还有一种鱼酱，是用弓卢水中的细条鱼制作的，大块涂抹在面饼上，闪出斑斓的银色。此外有一种姚尹从未见过的食物，像是麦粉制成，条状，宽窄一致，其上堆着一小撮料末和盐菜。他吃了一口，觉得清凉鲜美，异常滑嫩，颇耐咀嚼。怜波介绍说："这是麦粉过水洗出来的精华，十分光韧，将它切片，再与麦粉做成的面条混合煮熟便是，放凉了更加可口，阏氏特别爱吃。"昭君说："可惜还不知道怎么称呼它才好。"姚尹想了一阵，说："这种面食细腻又劲道十足，况且是从麦粉中洗出的精华，不如叫麦肉如何？"怜波掩口，笑道："有牛肉羊肉马肉雀肉，没听过还有麦肉。"昭君轻轻斥责她不得无礼。姚尹笑笑说："无妨，既然麦肉不妥，筋肉相连，叫它麦筋可否？"大家纷纷抚掌称善。匈奴女子捧上一盆热汤，其中的块状物也是这种麦筋。怜波说："担心汉使们吃不习惯匈奴饭菜，阏氏特别吩咐按照家乡手法用野鸭熬煮的。"除了这些，还有乳酪，还有酒。汉使们喝的是秣秣酿制的酒，昭君则饮了少许捅马酒。

微醺之时，姚尹问了昭君一件意想不到的事。

"臣听说去岁阏氏到匈奴后不久，匈奴接连遭遇风灾、旱灾，水涸草枯，牲畜尽死。不久，匈奴贵族中传言，这些灾难都是因为阏氏您的到来，请求单于用您的血祭天，不知是否有此事？"

昭君淡然一笑。"汉使一路劳顿，多听一些传闻倒也可以解乏。风灾旱灾在匈奴并不鲜见，这便是地不利的原因。北方疆域辽阔，人烟稀少，休养生息如此，也不过七八万百姓。从去岁来斯地，短短时日，单于夙夜难寐，我也用尽心意。如今百姓学习耕种，单于更是放宽边贸，一切都在慢慢改变。假以时日，匈奴自不会轻易被天灾压垮。我乃汉人，百年来汉匈没有和亲，有些传闻不足为奇。仇恨不会一夜之间消弭，尤其是牵涉一些匈奴贵族利益。现在强盛的大汉便是我和单于的倚靠，汉使们到来，什么风波都会平静下来的。我的家乡有一句俗语，群鸟是凤凰的羽翼。其实，并不是单于在庇护百姓，恰恰百姓才是单于的福分。我能做到的便是辅佐他使百姓安康富足，不再受天灾困扰。"

"如果真的能够做到，"昭君沉吟道，"就算拿我祭天又有什么关系呢。"

阏　氏

　　阏氏之于匈奴，按照此前匈奴贵族女子对昭君的讲述，就像汉皇的嫔妃。依次分成等级，有大阏氏、第二阏氏、第三阏氏，等等。

　　这种封号在怜波眼里显得简陋。她给昭君讲，天曰皇天，地曰后土，因此皇上的妻子称皇后，妾都叫作夫人，还有美人、良人、八子、七子、长使、少使之分。武帝时，增加了婕妤、妵娥、傛华、充依的封号，各有爵位。孝元皇帝增加昭仪之号，昭显其仪，以示隆重。昭仪地位如同丞相，爵比诸侯王。自昭仪以下一共列有十四等。婕妤如同上卿，爵比列侯。妵娥享二千石，比关内侯。傛华享二千石，美人享二千石，等等。这些封号多美，婕妤的意思是接幸于皇上的美人，妷娥的意思是貌若天仙的女子，俗华的意思是神采奕奕光艳无比，充依的意思是充入后庭而遵从秩序。

昭君颔首道："这样说来，从字义上看，倒是各有千秋，不那么明显。"

怜波说道："就拿阏氏来讲吧，听说最早是焉支山上生长的一种野花，采集花上边最嫩的瓣，可以做胭脂。匈奴贵妇用这种粉红的胭脂擦在面颊上轻轻晕开，红扑扑的很是好看，慢慢就有了指代贵妇一词的阏氏。阏氏啊，您说，单于的阏氏其实就是红脸蛋的女人，啊，第一个红脸蛋的女人，第二个红脸蛋的女人，第三个红脸蛋的女人……"

她们憋不住笑成一团。

"怜波啊，红脸蛋意味着强壮，有什么不好。你看那些阏氏们个个可以张弓射箭，猎取飞禽走兽。生下的孩子也都雄健如虎。"

怜波瞧着昭君的腹部说："阏氏啊，您也快生产了吧？"

因为袍子宽大，昭君肚子的隆起并不突出。她回想起自己方才说的话，一下子陷入沉思。这么多天里，孩子一直动静不大，丝毫没有急于出世的样子。那些兄长们必定不是这样。

这时，大阏氏来看望昭君了。她的身后跟着四个匈奴女子，前面两个手捧衣物，端着食盘。她并非第一次来，也少顾及礼节，径直走到昭君身旁坐下。那两位女子放下手中物品，退身出去。大阏氏吩咐另外两个去找怜波，一个要学习如何制豆豉——在匈奴，豆豉混合盐后是上好的调料，此外，豉汁与龙骨（也就是动物化石）还可作为药物使用。一个是因为织机上的一个部件坏了，请求怜波的帮助。

食盘上有一只铁镬，盖子边缘不断挤出蒸腾的白气。一些佐料散放周围。大阏氏的手探向盖子，昭君这才发现这只手关节特别粗大，腕子厚实，泛着枣光。盖子揭开后，一股热气滚涌而出，特殊的香气立即扑面而来。镬内的浓汤还鼓着小小的气泡，几块大肉交错横斜，看上去无比醇美。大阏氏说："这是虎肉，才从焉支山猎得，吃了它，生下的孩子会比老虎还勇猛。"二人满斟了挏马酒，第一杯一饮而尽。昭君望见两朵红晕升上了大阏氏的双颊，不禁想到怜波所言，脸上萌生笑意。很快，又想起那句歌谣——失我焉支山，使我妇女无颜色。越过铁镬，灯树映出大阏氏肥胖的影子。

"还是汉家女子好啊！"大阏氏注视着昭君侧脸的轮廓，感叹着。"挛鞮氏的血脉里从此有了大汉的天神，孩子出生，一定要向祖先好好告祭。"

昭君把盏道："说起姊姊的四个儿子来，个个才是天神的模样呢。"

大阏氏顿时哈哈大笑。"想来，也真是与汉家有缘。我们呼衍氏位居三姓之首，父王将我们姊妹二人都嫁给单于，哪曾想到还会有一个汉家的妹妹。你知道单于三次入汉之事，却未必知道我的叔父如今在大汉封侯。叔父是左伊秩訾王，当年辅佐单于。二十二年前，郅支将单于打败，叔父力驳群臣，劝单于内附汉室，以求援助。安定之后，群臣中有人说他的坏话，说他常常因为这个功劳自夸自骄，不把单于放在眼里。唉，这个呼韩邪竟然就信了。叔父感到单于在疏远自己，担心某一天被杀，就带着一千多人降了大汉，被封为关内侯，还让他保持匈奴的王号和印绶。去年，就是呼韩邪向大汉求亲时，专程去见叔父，表示愧疚，打算向汉皇请求，让叔父回匈奴。叔父说自己既然已经降汉，再复归匈奴，不妥；他愿意作为单于的使节在汉留侍，不愿还匈奴。唉，单于回来后闷闷不乐，好几天不怎么吃东西，然后带上仆从出去打猎。那一次被暴虎扑伤，虽无大碍，也是颇为郁闷。要知道单于多年征猎，被野兽袭击而受伤还是头一回。贵族中有人就说，左伊秩訾王这只猛虎伤了单于的心。你知道单于怎么说？他说，是我不能驭虎啊，如此胸怀，如何能比大汉皇帝呢！"

昭君微笑着说："如此说来，左伊秩訾王这件事情，倒成了好事。汉匈多了一层关系不说，更让单于认识了自己的弱处，得以纠正。人无完人，特别在内忧外患之际，多些考虑也是对的。单于事后的自省发自肺腑，令人敬重。"

大阏氏有了几分醉意。"啊，单于今年明显地老了，和他说话，也有了言辞混乱之象。时间呢，就像狼居胥山的奔鹿一样，比箭镞还快。"

昭君默然。她觉得他只是多了一些白发，以及白色的胡须，话语一如以前不多，好像语速慢了下来。她还以为那是一种温情。

大阏氏身体斜靠在一边，她挥了挥手，命侍女将食盘撤下，然后随意地将双腿伸出去。"妹妹啊，有一次我与颛渠阏氏闲聊，就问她觉得单于更喜欢这六个孩子中的哪一个？她说，雕陶莫皋年龄最长，已经可以独自去猎狼，射术一流，很是憨实。单于与我都喜欢且莫车，他聪明伶俐，本性良善。单于有一次带他去射鸟，他却问鸟群里哪一个是父母，哪一个是孩子。他说，父母不能杀，杀了，孩子孤单；孩子不能杀，杀了，父母心碎。……"

昭君抚摸着小腹，心想，她这一番话是什么意思？

三月末，一场薄雪的降临，让久坐乏动的昭君有了出去转转的念头。很久不用的安车擦拭一新，换成两头犍牛牵引。昭君与侍女乘车，呼韩邪拥了厚厚的锦袍骑马伴随。数米开外，一队寥落的骑兵寂寂跟从。天色灰沉，远方饱含着雪意，狼居胥山比平素低矮了许多。大地的皱褶将平未平，一道道水洼拉开深褐的色带，形成谷地的波浪。铜光四射的安车于白雪中浮动着耀斑，骑兵的队列如弯曲画着的长线。

已经很久没有看到如此安静的雪了。

呼韩邪的视野中莽莽苍苍。这里的雪，几乎都是狂风席卷着大片的雪花，令人无法睁开眼睛。大多数时候，人们都是围着火盆抱裘而卧，听着外面的呼啸。此时的雪原显示出温驯的一面，河水变得无比清晰，岸上泥土的断层处，草根齐整整地绿了。

"是单于的心变得安静了。"昭君在车里仰望着他，说道。

"哦，是吗？"呼韩邪若有所思。"看来，英雄到了迟暮。"

昭君摆着手说："单于应该是觉出了时间的缓慢，正如拍子变了，舞蹈就会相应地发生变化。也好似马匹，既有奔突之美，也有款然踱步之美。"

她返身对怜波说："这辆安车自从随了我，倒是和雪天结下了缘分。"

她又回过头道："单于，我在宣德殿第一次见您，便是雪天。"

"哦，是一个下雪天，我记得你的面衣。"呼韩邪回忆着说。

昭君伸出左手，握住他的右手。

"长安好啊，单于那一次不是在长安住了一个多月吗，晚上还有御赐的宴席，还有歌舞。"

"哦，我们，韩昌、张猛，一起喝酒，一直喝到天亮。"

安车沿着河水的路线前行。河水左盘右绕，打着十数个仄弯向远方抖开，清亮的反光此起彼伏，灰白色的穹庐星星点点，羊群为雪原大面积地增加着厚度。

他们遇到了几个忙碌的百姓，河湾的一处高丘上堆满了农具。行礼完毕，昭君问大家是否在准备耕种。有人回答说，是的，农具要修一修。昭君下车看去，尽是铁耒木耒齿镢之类。怜波拿起一把木耒，指着上面的铁錾讲，在她老家广汉郡，这样一个錾首前面的凹形边缘，都会加一圈舌头一样的突刃，铲起土来更便捷。她蹲下去，用手指在雪地上画出一个样式。接着，她挪了一个地方，又画出一

昭君伸出左手，握住他的右手。

个物件，看上去像脱下来的长靴，靴腰歪在一边。怜波说："这一种叫犁壁，可以两侧同时翻土。"大家俯下身来，围着这两个图仔细看。

昭君说："耕种不比放牧，偷闲不得。待雪稍化，趁湿好松土。"

返回的路上，昭君瞧见第五阏氏领着八岁的儿子舆在骑一只小羊。舆的体重压得小羊快要喘不过气来。第五阏氏看到马背上的单于，拉着舆慌忙行礼。与昭君彼此见过礼后，她的视线一直停留在安车上。

"一年多没见这辆车子了，还是刚来时的模样。"她的目光疾速投到昭君腹部。

"啊，宁胡阏氏要生小弟弟了，舆，快来看呢。"

牛尾处冒出一个胖胖的脑袋。"我要和他摔跤！"舆说。

四月的一个夜晚，穹庐里光明大放，地灶上的羊肉在大釜里咕嘟翻滚，空气里漫溢着暖暖的膻味。为了准备五月大会中挛鞮氏祀汉帝以及家祭事宜，呼韩邪单于召集几乎所有的阏氏聚坐一起。酒酣意浓时，有人前来报告了一个不幸的消息：

右将军长史姚尹一行辞别匈奴后，离开边境，过了长城，快到北地郡时，夜里突然刮起风暴，引着了大火，将姚尹等七人烧死。

呼韩邪憬然一惊。颛渠阏氏便问来人："知不知道汉室有什么反应？"来人喏喏，表示尚且不知。呼韩邪挥手令他退下。

昭君一直强忍着腹痛，侍女为她搬了一个马鞍，上面铺垫了绵被，倚在她腰背之后。怎么会发生这种事情？她想起姚尹谦恭温和的样子，仿佛才刚刚谈笑风生地告辞而去。这时，她听到呼韩邪说："汉使遇难，应即刻上书汉皇，将汉使在匈奴的一切往来情形详加说明，并致哀悼。"然后颛渠阏氏问道："单于派骑护送汉使出境怎么说？"呼韩邪却未迟疑："说护送到受降城便返回了，并无其他。"大阏氏应许道："是这样了，合理合度。"

呼韩邪的目光寻找着昭君，昭君只是朝他点了点头。

大阏氏说："以前汉使有被留置受阻的，如张骞、苏武；有被冤杀的，如谷吉。像姚尹这样意外逢难的，似乎还没有听到过。"

她转向昭君。"妹妹，汉室会是一个什么态度？"

昭君勉强直起身来，将怜波指给大家。"她是定陶太后的人，汉宫的事情比我了解。"

怜波行礼后说："以前汉国偶然会有一些异象出现，比如有星孛于东方，日有蚀，凤凰甘露降集京师，太上皇庙起火、孝文庙起火，地震，水逆流，人蘽，等等，皇帝一般要素服数日，然后祭祀，大赦天下，赐给鳏寡孤独钱帛，等等。像这一次，体恤追赐少不了的。"

呼韩邪于是说："我们也准备一些体恤之物，派快马送到边塞。"

昭君还是提出了自己的建议。"详尽修书致汉皇是正确的，并要把匈奴近期休养生息的情况事无巨细地上报，此外，五月大会上应公开祭奠汉使。汉皇能够做到的，单于跟着做到最好。"

众人觉得可行，一时沉默下来。

"飞沙走石的情形各位阏氏都见过，四月风暴倒可真是个奇怪的事。"第五阏氏说："不久前匈奴风灾旱灾接踵而至，损失之重，之前可没有过。听人说，神巫观象，指认这一切都是因为宁胡阏氏。"

昭君笑笑，微闭双目。

"笑话！"颛渠阏氏生气道："汉皇下嫁公主，如同美玉投怀，对匈奴而言简直是天大的福分，怎么可以由他人播弄！"

第五阏氏撇嘴道："姊姊勿恼，神巫所言也不是无源之水。之前与汉家交锋，每每以弱制强，无不凭靠神巫之术。姊姊难道忘了与贰师将军交战，捆马埋咒的功劳了吗？"

大阏氏反驳道："那么，被郅支追赶，几乎有灭族之虞时，神巫又在哪里？若非汉室辅助，怎会有今天！"

"汉室？"第五阏氏嘟囔一句，"哪个能逃得掉安排。"

呼韩邪将刀鞘在案上狠狠一拍。"不得妄议汉匈之好！宁胡阏氏是我匈奴求得之宝，谁再胡乱牵扯，杀无赦！"

颛渠阏氏相劝道："单于莫急，这不是一家子自个儿说说话吗，哪个又曾当真？"

她招招手，侍女捧着一只金瓯走入。"单于，该服药了。"

第五阏氏盯着昭君，但是话是说与众人听的。"前几日贵族中有人讲，安息一阵子也好，只是安息得久了，就不再想着醒来。无论现在如何，汉匈相克的命数是变不了的。就拿最近的事情来说吧，黄龙元年正月，单于去朝拜汉皇，十二月汉皇在未央宫驾崩，寿四十三岁；竟宁元年正月，单于又去朝拜汉皇，五月汉皇在未央宫驾崩，寿四十二岁。本来都是天子，如此折煞，又怎么敌得住这一拜呢？"

几位阏氏闻言大惊失色，纷纷以目视之。

呼韩邪一时没回过神。他依稀记得这两次都与自己有关。猛然，他醒悟过来，一扬手把金瓯摔得老远。

"你，找死！"

颛渠阏氏顷刻仆倒在地。"单于息怒！单于息怒！"

呼韩邪朝帐外高喊道："来呀，给我剜舌黥

面，永不准入！"

几身铁甲闪进，直奔向惊慌失措的第五阏氏。

昭君扶着怜波的肩头，一手托着小腹，缓缓站了起来。"单于且慢，容我说几句。"

她挪动身躯，来到瘫卧于地的第五阏氏身前，慢慢地说道：

"古人说，敬用五事，一曰貌，二曰言，三曰视，四曰听，五曰思。貌曰恭，言曰从，视曰明，听曰聪，思曰睿。做任何事一旦脱离道的规范和要求，则寒暑风雨不按时节运行，时间长了就酿成灾祸。君王行事，如果仪表态度不恭，表现得怠慢骄横，则不能认真对待诸事，因为狂妄而没有常性。上行下效，社会风气、法令制度都会变得不好，滋生灾祸。所谓无常，天灾人祸便是。我并不怪你刚才说的那些话，因为那不是你能说出来的。这一段时期的和平，百姓享受了最大利益，我们都知道。有些贵族不满，也很容易理解。单于苦心，何忍辜负？有的人可以共荣，不可以共辱。有的人可以同利，却难以齐德。很多事情固然不能强求，但我想大家都知道汉人的一句话，皮之不存，毛将焉附。

汉匈未来之大，小腹岂能量之？"

昭君近前向呼韩邪说道："嫱自幼入宫，与父母远隔，不能承欢膝下。幸有单于垂怜，又见爱于众阏氏，宛如家人，感激涕零。念舆尚幼，勿使他像我一样，还望单于宽待。"

呼韩邪须发微颤着说："宁胡啊，你就是我无形的皮鞭。"

他厌恶地挥挥手，两个侍卫夹着第五阏氏丢出了大帐。

颛渠阏氏和大阏氏相互看看，脸上挤出僵硬的笑意。

余芳

建始二年（前31）夏天，呼韩邪单于一病不起。

"强壮的猛虎啊，就要失去它的爪牙；暮年的麋鹿啊，从此越不过焉支山。如花的公主啊，你在火焰中舞蹈，就像弓卢水回到源头，重新把太阳洗亮……"匈奴的行吟歌手在旷野唱道。

王帐内一片暮色，诸王和阏氏们内心无比焦虑。

呼韩邪吩咐将颛渠阏氏唤到身边，轻轻吐出三个字——且莫车。

昭君听到了。她明白他的意思，更明白他深深的用心。如今，呼衍王两个女儿背后的呼衍氏部落是一个强力支撑，何况还有左伊秩訾王这一层关系。欲立且莫车，正是单于看中了他与生俱来的仁爱之心，希望他今后在匈奴推行仁治。

夜晚，王帐里坐满了人。昭君从自己所在的方向看去，从左至右依次是左贤王、左谷蠡王、右贤王、右谷蠡王，这种结构匈奴称其为四角；接下来是左日逐王、右日逐王、左温禺鞮王、右温禺鞮王、左渐将王、右渐将王，这种结构匈奴称其为六角；然后有左右骨都侯、左右尸逐骨都侯以及一些且渠、当户们。而呼衍氏、须卜氏、兰氏三大名族，呼衍氏居左，兰氏、须卜氏向右排开。阏氏这个行列，颛渠阏氏、大阏氏、第三阏氏、第四阏氏、屠耆阏氏，昭君排在第六位，她右边还有数位阏氏以及其他贵族女性。

匈奴尊左的习俗昭君是清楚的。因为病中的单于指定且莫车继位，所以此刻最为尊贵的位置是留给他的母亲颛渠阏氏的。

帐内不时传来呼韩邪毫无规律的粗重的呼吸声。众人感受到空气里有一种莫名的凝重，低泣与哽咽逐渐消失了。

颛渠阏氏平静地开口:"单于嘱咐,要立且莫车,这是对且莫车莫大的信任与恩宠。匈奴内乱十多年,杀伐不绝,多亏了汉室的帮助才重新获得安定。而今和平刚刚开始,百姓因饱经战争之痛而畏惧战争,维持安定是大势所趋。且莫车年纪还小,韬略未成,功劳未具,无法得到百姓的拥护,恐怕再次引发匈奴动荡。"

她把目光投向大阏氏。"我与大阏氏是亲姊妹,一家共子,所生恩慈无别,我提议立雕陶莫皋。"

帐内出现小小的骚动。

昭君颇感意外,不禁认真端详颛渠阏氏的脸。这是一个不一般的女人,她的眼睛里看不到悲伤,也看不到权力的欲望;她的眸光无比澄澈。

昭君忍不住回忆起第一次拜见大阏氏时,雕陶莫皋站在母亲身后,略显羞怯地望着自己。仅仅长他两岁的实情,多少也让昭君内心拘谨。这个虎背熊腰的……孩子……

大阏氏朗声说道:"且莫车虽然年轻,大家都知道他身上有厚厚的仁德,就像单于。他虽年少,还有在座的诸王大臣们共持国事。虽说是亲姊妹一家共子，雕陶莫皋的地位比且莫车低，现在舍贵立贱，后世则有逢乱之虞。姊姊三思。"

颛渠阏氏环视众人，望见大家多在沉思，便道："同为单于阏氏，同为兄弟，何来贵贱一说？单于一位，并非贵者必得，而是适合者必得。今时，立雕陶莫皋最为恰当。我意已决，诸位还有什么想法？"

众里无人发声。大阏氏喉头涌了几涌，最终闭口不言。

颛渠阏氏俯身呼韩邪耳边。"单于，您都听到了吧？"

呼韩邪颤巍巍抬起左手，声音低哑却无比清晰："雕——陶——莫——皋——"

昭君怀抱着未满周岁的孩子伊屠智牙师。在孩子香甜的睡梦中，他的父亲长眠不醒。

葬仪结束，整个谷地的人们号哭不散。

这片匈奴的陵墓在狼居胥山与余吾水交汇的一处缓坡上，整体斜向北。安车静伫坡下。昭君眼里的墓地就是一大块郁郁葱葱的草场，匈奴不坟不树的习俗，使她看不到那年在勾注塞所见的层层叠叠的墓丘。

没有眼泪，风使得眼睛干涩。昭君失神地望着极远处的一线暮光。

两年。他仅仅陪伴了我两年。

时间在这里无比吝啬，昭君心乱如麻，从伶波手中接过琵琶。

秋木萋萋，其叶萎黄。

有鸟处山，集于苞桑。

养育毛羽，形容生光。

既得升云，上游曲房。

离宫绝旷，身体摧藏。

志念抑沉，不得颉颃。

虽得委食，心有徊徨。

我独伊何，来往变常。

翩翩之燕，远集西羌。

高山峨峨，河水泱泱。

父兮母兮，道里悠长。

昭君失神地望着极远处的一线暮光。

呜呼哀哉，忧心恻伤。

　　梨花带雨的怜波紧紧捂着嘴跑开。

　　昭君想起前夜，那是呼韩邪异常清醒的时候。他牢牢攥着她的手。

　　"死生有命，命这么快就要结束了，连同和你的缘分。我心有不甘啊，因为一切才刚刚开始……才刚刚开始。宁胡啊，我的命也要随汉皇而去了，他们说的不错，我的命与汉皇的命连着，汉皇把你许嫁给我，这条命的连接便无法挣脱。只是……我的宁胡啊，我的昭君，还那么年轻……昔汝来时，雨雪霏霏；今我往矣，杨柳依依……不甘啊……"

　　昭君只能无言地凝视他。

　　"眼下，是我这一生最为理想的样子。只有停止干戈，匈奴才真正像个大国。昭君，不要让这刚刚开始的一切随着我的生命一起结束。你，是我最信任的阏氏，你要向我保证，不要让和平的局面转眼消失……"

　　"单于啊！"昭君泪如雨下。"你也带我走吧，梁柱倒了，房屋就要崩塌，你走了，谁还会仔细倾听我的声音？阏氏们还能依靠各自的部落家族，而我，又将去向何方？可怜伊屠智牙师还这么小，谁又来教他像你那样骑射？单于在的时候，我还是大汉的公主，是汉皇钦许给你的公主，你一旦远去，我便成了一个被大汉抛弃的人。就像丹朱，就像赵王张敖被流放房陵那样，对，流放，我是个自我流放的罪人啊！我没有照顾好你啊，单于，我有罪！"

"不，不，"呼韩邪挣扎着要坐起身，"昭君，我一个人走了，匈奴还在，你还是百姓之母，你要担负他们的未来……"

"而我，我要如何担负，你告诉我啊！单于，我空有两只手，空有一双只能哭泣的眼睛。……你把我带走吧！"

"不，宁胡，你是大汉的公主，你胸怀匈奴的山川星辰，你牵挂匈奴的男女老幼，你的身后有大汉，有汉皇，有不忘盟约的韩昌和张猛……而且，我的灵魂会庇佑着你……"

昭君将他的手捧到唇边。"单于，没有照顾好你，我什么都不要管了。"

......

昭君开始思念长安，思念南郡。她向汉皇上书乞归，渴望汉皇怜悯，让她回归故里。此刻，呼韩邪撒手人寰，她不知道自己将要遭遇什么样的命运。

匈奴的事情，还是让匈奴人来决定吧。

挟带着一股秋风，颛渠阏氏迈进昭君孤守的室中。她手里握着一顶虚折起来的小孩子的鹿皮帽。

"妹妹啊，我来找你喝酒。"

等待汉皇回书的日子异常漫长。这段时间里，大阏氏来过多次，为的是说服她按照匈奴习俗，再嫁给如今的复株累若鞮单于，也就是她的长子雕陶莫皋。复株累若鞮单于继位，几个年龄大一些的兄弟都受了封，且糜胥为左贤王，且莫车为左谷蠡王，囊知牙斯为右贤王。

这个权力过渡期要比意想中的平稳顺利，家族部落的实力不容小觑。不管谁的主意，像之前许多单于那样，复株累若鞮单于把他尚且幼小的儿子右致卢儿王醯谐屠奴侯送到长安，入侍汉室。

几乎所有的阏氏都觉得，让宁胡阏氏再嫁是一

件非常困难的事情。其中有同情昭君境遇的，包括
颛渠阏氏。颛渠阏氏明白汉人的礼法，她深知身处
两难是怎样一种感觉。宁胡阏氏给汉皇上书乞归，
并未藏着掖着，这封书信由送单于子入侍的匈奴使
节转呈，所以是公开的消息。可以说，整个匈奴自
上而下，都在等着汉皇的态度。

昭君反而觉得，所有人见到自己变得更为客气。

颛渠阏氏丝毫不见外地四处探看。"妹妹啊，
你这里有什么好酒？"

虽然是惯饮的挏马酒，昭君却难以下咽。怜波
适时端上一盘凉麦筋。

"你也明白我来想说些什么。"颛渠阏氏坦诚
地说："汉匈和亲以来，尚没有哪位出嫁的公主又
被诏归的。因为这是诺言，是盟誓。而父亲死了，
儿子可以娶其后母；兄弟死了，其他兄弟可以娶其
妻，这是匈奴世世代代流传下来的习俗。妹妹或许
难以理解。匈奴不比中原，生存条件恶劣，周边多
有战争，人口繁衍尤为重要。单于有多少个阏氏，
与汉皇后宫之众不能相比，匈奴要的是人口，单于
也一样。女人，尤其是生育能力强的女人，在匈奴

是最珍贵的财富。"

　　她给昭君斟满一杯酒。"就拿挛鞮氏来说，以近亲子弟分封各地，是稳固政权的核心所在。呼衍氏、兰氏、须卜氏与单于家族世代通婚，姻族在单于的掌控下出任要职，处理事务。这些姻族留居在单于王庭，并无部落及领地。一个可靠的女人，连同她可靠的家族，决定并构成了政权的稳定性。妹妹可曾听说过地节二年之乱？那一年，壶衍鞮单于去世，他的弟弟左贤王继位，乃是虚闾权渠单于。虚闾权渠单于并没有按照习俗将壶衍鞮单于的颛渠阏氏纳娶，遭到颛渠阏氏的父亲左大且渠的怨恨。在他的设计构陷下，汉皇派出五千骑来讨伐，匈奴备受打击，而后又引发饥荒，百姓、牲畜死亡达十分之六七。这是早些年的事了。再说呼韩邪单于内附汉室之后，异姓贵族的数目逐渐增加，且夕有战，这些拥有部族和领地的异姓贵族便会受命率众参与。如果权力一旦失衡，轻则可能导致有人拥兵自重，观望进退；重则兴兵而起，以夺单于之位，便如五单于之乱。妹妹要知道，匈奴统治，挛鞮氏为核心，根据血缘关系远近分配权力，在匈奴，只有'单于'和'父'才能控制权力，实施统治。一个阏氏的重要性可想而知。"

昭君理了理思绪。"姊姊所言，莫非强调单于的血统？"

颛渠阏氏满饮一口。"我有两个儿子，大阏氏有四个儿子，其他阏氏生下的儿子还有十数之多，你也有一个。他们都是呼韩邪的儿子。这，就是权力，血缘维系的权力。"

她又意味深长地对昭君说："你，不是一般的阏氏。"

"妹妹啊，"她站起身来走动着，"父母在，群鸟共巢；父母不在，各奔西东。宁胡阏氏在，汉匈是至亲；宁胡阏氏不在，汉匈就会渐渐疏远，彼此陌生。复株累若鞮单于的身体里流淌着呼韩邪的鲜血，呼韩邪逝去，他就是又一个呼韩邪，你觉得这只是我们的看法？妹妹啊，我相信，这也是汉皇的看法。"

数日后，匈奴使者自长安返，带回汉皇刘骜（ào）的敕令：

宁胡阏氏从胡俗。

嘉　树

　　河平四年（前25）正月。复株累若鞮单于远赴长安，朝拜汉皇。两年前，单于派使节朝献时，就上书表达了这个心愿。汉皇刘骜感到高兴，大赦天下。

　　宴席上，复株累若鞮单于就右皋林王降汉一事感谢汉皇的英明决策。

　　四年前，复株累若鞮单于派遣右皋林王伊邪莫演等入朝奉献。事毕，汉使送他到蒲泽，离匈奴居地不远了，伊邪莫演对汉使说："我欲降汉，如果不接受，我就自杀。"汉使上报皇帝，刘骜请众臣商议。很多大臣认为应该像过去一样，接受伊邪莫演来降。光禄大夫谷永、议郎杜钦坚决反对，他们认为汉室初兴之时，匈奴多次侵扰边境，所以设立金爵之赏以待降者。如今单于屈体称臣，成为汉室的北方屏障，遣使朝贺，并无二心，汉室对待匈奴就要和以前不一样。现在，一方面承享单于的朝贡，一方面又接受匈奴逃亡之臣，是贪小利而失大义。况且目前还不清楚这是否是单于的试探，慎重起见，不宜接受他降汉。果然，再派人去问伊邪莫演，他便说是病中的胡言乱语。伊邪莫演回到匈奴后，复株累若鞮单于并未追究此事，官位如故，只是不再让他见汉使。

刘骜说："汉室对匈奴的态度一如既往，就像先帝对待呼韩邪单于，希望单于勿有彷徨忧虑之意。"

按照竟宁元年呼韩邪单于来朝时的厚赐标准，刘骜给了复株累若鞮单于同样的封赏，并且加赐锦绣缯帛二万匹，絮二万斤。

刘骜问及宁胡阏氏。复株累若鞮回复说，一切都好。刘骜说："朕听说她给你生了两个女儿。"复株累若鞮嗒嗒："一个六岁，一个快五岁了。"刘骜想起呼韩邪的儿子伊屠智牙师，复株累若鞮说："已经八岁，封为右日逐王。"刘骜说："甚好。"

昭君抱着两个女儿，听怜波讲故事：

古老的大汉国有一种鸟叫凤凰，它是百鸟之王，从南方飞到北方，也飞到匈奴。凤凰很美，羽毛华丽，人们望见它的样子，都会生出惭愧之心。当凤凰舞蹈，那是天帝在欢乐。凤凰非梧桐不栖，非甘露不饮，食有质，饮有仪，往来于尘寰之外，仁德兼备，它的出现就是和平的瑞象。

"怜波姐姐，现在还能看到凤凰吗？"年长一些的云问道。

"能啊，大汉国始元三年冬十月，凤凰在东海会集，汉皇派使者在那里立祠而纪。本始元年五月，凤凰在胶东会集，足足有一千只，汉皇高兴，大赦天下，赏赐百官，不收租税。本始四年五月，凤凰在北海郡的安丘和淳于会集。地节二年夏四月，凤凰在鲁郡会集，群鸟跟着它们。元康元年三月，凤凰会集于泰山、陈留，长安城里的未央宫降下甘露。汉皇便大赦天下，赏赐诸官百姓，特别给那些孝顺父母的人奖励了农田。神爵四年春，凤凰甘露降集京师，嘉瑞并现，汉皇修建泰一、五帝、后土这些祠庙，来为百姓祈福。因为汉皇做了为百姓祈福的好事，十二月，凤凰又来了，会集在汉皇喜欢游玩的上林苑。甘露三年正月，咱们的呼韩邪单于去拜见汉皇，凤凰会集在新蔡，数万只鸟跟随。汉皇又给了那些孝顺父母的、鳏寡孤独的人很多农田布帛，还免了这一年的租税。"

"怜波姐姐，为什么我们现在看不到凤凰了呢？"小女儿敏问道。

怜波沉吟着。昭君说："刚才姐姐不是说过了吗，凤凰是和平的象征，大汉国和匈奴都和平了，于是它们便飞走，因为还有很多争战中的国家，乌桓啊，丁令啊，他们也需要和平。所以，凤凰便去帮助他们了。"

"那，大家都和平了，凤凰就会回来吗？"

"一定会的，你们这么乖，一定会看到凤凰的。"

"那，怜波姐姐见到过凤凰吗？"

"嗯，当然见过。那一年，姐姐陪着你们的母亲从大汉国来到咱们匈奴，就看见一只凤凰。那只凤凰在我们头顶上飞啊飞啊，像是领着我们往前走。它越

凤凰在我们头顶上飞，像是领着我们往前走。

过狼居胥山，掠过余吾水，然后朝着太阳飞去。"

两个孩子痴痴想象着。

昭君揽着她们。"在我的家乡，大家为了经常能见到凤凰，就照着凤凰的样子去做许许多多的凤凰灯。人们从山上采来竹子，用刀剖开，划成一条一条又细又长的竹篾，用好看的五彩绳把它们捆扎成凤凰的身体，然后用布帛啊丝绸啊包起来，再用各种好看的五彩石粉和成泥，描绘涂染出凤凰的眼睛、嘴巴、脸和翅膀。凤凰头的制作要请最能干的人来做，因为它做得好不好关系到凤凰的精神和气质，是否活灵活现。他们做的凤凰头就像真的一样，一双大大的翅膀还能扇啊扇啊地飞起来。到了夜晚，就把油碗放到凤凰肚子里，把灯点亮。那些勇敢的男孩子和那些美丽的女孩子，把凤凰灯高高举起，像凤凰那样跳着高贵的舞蹈。远远望去，就像真的看到一群一群的凤凰在会集。"

云和敏对昭君说："母亲，我们也要凤凰灯。"

"这样啊，竹子怕冷，只生长在大汉国的南方，狼居胥山上没有。等你们的父王回来，你们就和他说，让他下次再去长安，请求汉皇赐给我们一些竹子。"

云点点头。敏爬上昭君的膝盖，伸手在她怀里摸呀摸，最后摸出那块玉玦。

"孩子们，对，这个便是五彩石。"

云和敏翻来覆去地看，兴奋得如同捧着凤凰头似的。

"母亲母亲，五彩石也是只有您的家乡有吗？狼居胥山上有没有？"

"狼居胥山上有很多小鹿。五彩石是我家乡的特产，除了五彩石，还有其他的美玉，都作为给皇帝的贡品呢。"

昭君一下子想起和氏玉来。

"孩子们，我给你们讲一个美玉的故事。在我的家乡，古时有个人名叫卞和。有一天，他上山砍柴，忽然发现一块玉璞。他认为这是宝贝，就将它献给厉王。厉王让王宫里的玉匠看，玉匠粗粗看了一眼，说只是一块普通的石头。厉王认为卞和欺骗自己，于是下令砍去了他的左脚。武王即位后，卞和再次怀抱玉璞去献给武王。玉匠仍然说只是一块石头。武王很生气，下令砍去了他的右脚。后来文王即位，卞和抱着这块美玉坐在山下哭了三天三夜。文王听说了，就派人问卞和为什么哭成这样。卞和抽泣着说，我不是为我被砍去的双脚哭啊，我是为一块宝玉被当作石头而哭啊。文王命人剖开玉璞，发现真是举世罕见的宝玉，就将它命名为和氏玉。"

昭君讲完，姐妹俩都沉默不语。

片刻之后，响起敏的声音："这个卞和好可怜，明明说的是真话被人当成假话，该有多伤心。"

云沉思道："今后我要废除一切砍人的刑罚。"

昭君说："判断一个人是说真话还是说假话，说好话还是说坏话，一件事情是对还是错，是不是应该认真地去查看、去了解呢？"

"嗯，母亲，等父王回来，我要告诉他，不要轻易不相信那些说真话的人。"云说道。

"我也要告诉父王，石头里面有美玉，一定要相信这是个奇迹。"敏垂手肃立，朗声道。

这一天午后，天色略阴。昭君在为两个孩子讲老莱子的故事。

这时，门外有人传报，说大汉国有人来看望宁胡阏氏。昭君感到纳闷，她示意怜波把两个孩子带回内室。

侍卫引入一个人，因为距离较远，昭君看不清来人面目。只见此人裹在一团皮袍内，上面的羊毛污浊不堪。

"阏氏不记得我了，我是毛延寿。"

昭君惊啊一声，不禁站了起来。

"毛……延寿！画师怎会在这里？"

毛延寿脱去皮袍，躬身行礼。昭君望去，似乎他还是长安时候的那个样子，瘦小、清癯，只是苍老多了，眉毛上不知是冰霜还是什么。

毛延寿坐下，怜波为他端来羊乳。

"阏氏这里可有方便的饭食？"

昭君点头。怜波出去不久，有匈奴女子捧上一盘羊腿，以及奶酪胡饼之类。昭君问他可否喝酒，毛延寿点头。昭君说："我这里只有挏马酒，画师恐怕会觉得淡。"毛延寿说："已经很好了。"

他一定是很多天没有好好吃过东西了，昭君听着他的咀嚼声在想。

"长安与阏氏别后，不觉快十年了。延寿观阏氏气色，竟然犹如昨日。匈奴之苦，延寿这一路也算知晓了。"

边吃边聊中，毛延寿为昭君讲了自己这一路的艰辛。自昭君辞都北去，毛延寿就离开了长安。一方面是恐惧皇帝追责，更主要是他内心出现了前所未有的迷惘。渭水桥下徘徊几日后，他决定回月氏之地。从天水郡到金城郡，再到出生地张掖，毛延寿在张掖待了将近两年时间。

"怎敢再画像，为塞军作文书，写写记记，整理简牍而已。"

后来，他偶然听到呼韩邪单于去世的消息，便想着往匈奴行。

"那些时日，我反复问自己一个问题——待诏怎会有请辞的想法？"

然而一场大雪令他迷失了方向。绕山转水，千辛万苦，却走到了西海。心力交瘁，毛延寿差一点就死在了那里。万幸被羌人救起，从此在羌地落脚，与一个长他六岁的孤寡羌妇生活在一起。一年前，羌妇病故，毛延寿随一支商队踏过沙漠，从休屠泽方向进入匈奴。直到今天。

毛延寿从腰间的裘袜橐中，掏出一卷褐黄色的麻布。打开之后，里面是一卷隐约有墨迹的白绸。他把白绸通过怜波转到昭君手中。

"画师，莫非……这是那幅你为我画的像？"

毛延寿永远不会告诉昭君自己为画像点上黑痣的事。"阏氏，那幅像是画在桐木板上的，留于掖庭。这一幅临在丝绸上，现在可以交由您了。"

昭君看到白绸略微泛黄，各处有些经纬的开裂和污损。"画师从长安出来，便一直带在身边吗？"

"在羌地被当作蚕神娘娘张挂了几年。"

怜波忍不住噗哧一笑。

昭君入神地端详自己年轻时的模样。"画师的线条真是好功夫，这样勾画着，倒显得我的皮肤薄得很。"

"所以阏氏才会被先帝选中。"毛延寿不由得轻轻发出叹息。

"阏氏，您有没有……希望……被画得很丑？"

昭君没有说话。

室内长时间地寂静。

他用袖口抹了抹嘴，一边往裘袜橐内塞了吃剩下的胡饼。

"阏氏，延寿告辞了，祝您多福长寿！"

他向外走去，忽然想起什么似的匆匆折身返回，从袍中摸出一个东西，放到案上。"无他，给待诏捎了一颗橘子。"

这样一颗橘子已经干瘪黝黑，硬如弹丸。昭君眼眶顿时潮润。

天色暗了下来。毛延寿大步向前，顶着风的阻力。他的心彻底安放。这是最后的去处，这件事就此了结，不再有亏欠。远方狼居胥山的影子异常清晰，河水银灰色的光在朵朵穹庐之间往返辉映，草原平整铺开，温柔地起伏。他抬起擅长挥动画笔的右手，搭上眉骨，放眼眺望。

从此便做宁胡阏氏的一个子民吧！

遥远的背后响起了琵琶声。

后皇嘉树，橘徕服兮。

受命不迁，生南国兮。

深固难徙，更壹志兮。

他抬起右手，搭上眉骨，放眼眺望。

绿叶素荣，纷其可喜兮。

曾枝剡棘，圆果抟兮。

青黄杂糅，文章烂兮。

精色内白，类任道兮。

纷缊宜修，姱而不丑兮。

嗟尔幼志，有以异兮。

独立不迁，岂不可喜兮？

深固难徙，廓其无求兮。

苏世独立，横而不流兮。

闭心自慎，终不失过兮。

秉德无私，参天地兮。

愿岁并谢，与长友兮。

淑离不淫，梗其有理兮。

年岁虽少，可师长兮。

行比伯夷，置以为像兮。

　　一行热泪从毛延寿的眼角流下。这时，大地出现了震动，一波一波地涌到他脚下。模糊的视野中好像出现了烟尘，又仿佛成千上万匹马朝着这里奔来。很快，如风疾驰的马群包裹了他，湮没了他。

"惊马了！惊马了！"

早早有人挥舞着双臂，大声高喊。可惜，他从未听懂过匈奴语。

青 鸟

鸿嘉元年（前20）。这一年，复株累若鞮单于雕陶莫皋去世。弟弟且糜胥继位，被称为搜谐若鞮单于；颛渠阏氏生的长子且莫车为左贤王。

昭君开始了寡居生活。

八年后，搜谐若鞮单于打算赴长安朝贺岁首，还未入塞便病死途中。且莫车继位，称为车牙若鞮单于；弟弟囊知牙斯为左贤王。

绥和元年（前8）冬天，车牙若鞮单于去世。囊知牙斯继位，称为乌珠留若鞮单于；大阏氏生的第四子乐为左贤王，第五阏氏的儿子舆为右贤王。匈奴谓孝曰"若鞮"。自呼韩邪与汉和亲，看到汉室谥皇帝号为"孝"，心中向往，故之后继位单于皆为"若鞮"。

单于权力频繁更迭之间，转眼昭君在匈奴已生活了二十余年。

乌珠留若鞮单于执政，汉室派遣中郎将夏侯藩、副校尉韩容出使匈奴。当时有人对皇帝的舅舅大司马骠骑将军王根说："匈奴有一块伸入汉境的绝地，有张掖郡那么大，生长有奇特木材，可做上好的箭竿。如果能向匈奴要来，国土增大，将军也有显功。"王根上报皇帝，刘骜于是吩咐夏侯藩向匈奴单于求取该地。夏侯藩到了匈奴，对乌珠留若鞮单于说："匈奴有一块伸入汉境像张掖郡那么大的土地，大汉三都尉居守塞上，士卒数百人寒苦不堪。我觉得单于宜上书将这块地献给汉室，直接让予，可以节省大汉两都尉士卒数百人，如此单于也可报皇帝厚恩。汉得此地，必定厚赏单于。"乌珠留若鞮单于问他："这是皇帝的诏旨呢，还是使者的意思？"夏侯藩回答说："自然是皇帝的诏旨，不过我也是为单于考虑而作此谋划。"单于便说："孝宣皇帝、孝元皇帝哀怜我父呼韩邪单于，约定长城以北的地方属于匈奴。使者提到的那块绝地是温偶駼王的居地，我不了解其地形和物产，请容我派遣使者去问问他吧。"夏侯藩、韩容回去不久，再次出使匈奴，又明确提出要这一块土地。单于不容置疑地说："从呼韩邪单于开始，我们父子兄弟传位已五世，汉室此前不求此地，到了我做单于时偏偏来求，为什么？我已经问过温偶駼王，匈奴西边诸侯制作穹庐及车具，全靠此山木材，而且先父留下来的土地，不敢有失。"

虽然毫不客气地拒绝了汉使，囊知牙斯心里多少有些惴惴不安。见到母亲颛渠阏氏后，他把自己的一些顾虑讲了讲。颛渠阏氏很生气，雄鹰刚刚举翅，就有人想拿弓箭瞄准。她对儿子说："你如今是单于，要做好各种准备来应对，至少温偶駼王那边要他提高警惕，以免汉军突袭。"

颛渠阏氏反复思考后，决定和宁胡阏氏谈一谈。她直截了当地对昭君说："妹妹，你给汉皇上书问问，是不是忘了诺水东山的盟誓？"

昭君思索一番，说："首先要了解这块地的功用，不仅仅在表面的物产，更在于潜藏着的要害，不然汉使为什么会指定要这块地呢？其次，要仔细捕捉各种信息，那些异常的动静要提前察知。第三，要判断如今的形势，近来单于更迭频繁，力量暂不如前，这便是汉室此时索地的根源。第四，要了解如今匈奴的实力，挛鞮氏的忠诚和内部团结无须怀疑，诸多部落、贵族是如何打算的，目前并不清楚。如果在这块地上毫不让步，的确可以大大提高单于的威望和凝聚力。第五，姊姊也知道，权衡最难，拼的是魄力和智力，也拼的是运气。不过，掌握了前四条，权衡自然会容易得多。在我看来，土地之事，汉室视为社稷之重，由汉使来提出，那么应该也是汉使担负，事实上，这岂是一个小小使节所能担负的？"

"对啊，对啊！"颛渠阏氏明白过来。"汉使在代人传话，那个背后的人不敢自己站出来说。"

昭君道："不敢站出来，他害怕什么？"

颛渠阏氏笑了。"妹妹啊，你真是上天给匈奴的宝贝啊！"

接着，昭君慢悠悠地说："所以，我不能上书，请告单于上书，直接询问汉使索要土地这件事情，汉皇知不知道？"

夏侯藩回到长安，被迁为太原太守。乌珠留若鞮单于遣使上书追问此事，皇帝刘骜十分尴尬。最后，下诏这样回复单于："夏侯藩擅称皇帝旨意向单于求地，依法当死，赶上两次大赦，今将他改任为济南太守，再不让他操持匈奴之事。"

索地事件后几个月，刘骜驾崩，刘欣继位。

建平二年（前5），乌孙国卑援疐率兵侵入匈奴西界，抢夺牛畜，掠杀百姓。乌珠留若鞮单于派左大当户乌夷泠带领五千甲骑反击乌孙，杀掉数百人，掠走千余人，并且驱赶着大量牛畜离去。卑援疐内心恐惧，便送儿子趋逯到匈奴作人质。乌珠留若鞮单于接受了。汉室派遣中郎将丁野林、副校尉公乘音出使匈奴，口传诏令，责备单于，让他将质子趋逯送回乌孙。单于服从了汉皇的旨意。

乌珠留若鞮单于感觉到汉匈之间出现了裂痕。建平四年，他给汉皇上书，表示想第二年来朝拜。正值刘欣患病，有传言说匈奴从北方南下带来灾祸，从黄龙、竟宁年间开始，单于每次来朝，汉室便会有大丧。刘欣将信将疑，左右为难。一些大臣说，单于来一次，朝廷就要花费许多财物用于赏赐和礼待，这次就别让他来了。刘欣听从了这个建议。

匈奴使节尚未辞归，黄门郎扬雄上书劝阻皇帝勿轻率作出决定。他历数自秦以来的汉匈之争，到今天北方彻底安定，这个大好局面来之不易。如今单于上书请求来朝，皇上拒绝，会使汉匈关系产生间隙。单于来朝，虽然有花费，也是必要的。怎么可以以此拒绝，而使单于心中生恨，与汉室疏远终至背离呢？刘欣闻言醒悟过来，召回匈奴使者，将报单于书修改，答应了单于的朝拜请求。

乌珠留若鞮单于见到回书，不巧也病了，便再派使者入汉，表示再过一年入朝朝拜。另外，之前呼韩邪单于来朝，带着各级随从二百余人。这次，乌珠留若鞮单于愿意带着五百随从入朝，以明天子盛德。刘欣应允了。

虽然这件事情定了下来，但个中波折反复，没过多久便传回了匈奴。一次宴会上，右贤王舆酒后提起当年母亲被呼韩邪单于驱逐之辱，叫屈不迭。

"难道是母亲胡说吗，就连汉室都流传，匈奴单于每次来朝，汉室便会有大丧。汉皇为什么不想想，自家是天子，莫非单于不是天子？天子拜天子，不合礼数嘛，扯什么诅咒！"

怜波听闻，转陈昭君。昭君无言，内心浮上一丝忧虑。

元寿二年（前1）正月，乌珠留若鞮单于应约来朝，刘欣将他安排在上林苑蒲陶宫住下，远离宫城。刘欣对单于说："因为尊敬单于，所以让您住在上林。"单于表示感谢。除了如前赏赐，又加赐衣三百七十袭、锦绣缯帛三万匹、絮三万斤，最后派中郎将韩况送单于出塞。

巧合的是，这年六月戊午，皇帝刘欣驾崩于未央宫。

刘衎（kàn）继位，改元元始。刘衎尚幼，太皇太后临朝，新都侯王莽当政。

王莽为夸耀太后威德至盛前所未有，便令乌珠留若鞮单于派宁胡阏氏长女须卜居次云入宫陪侍太后。

须卜居次云与丈夫右骨都侯须卜当来向母亲辞行。

须卜氏是与单于家族持续联姻的三大贵族之一，居次是对单于、挛鞮氏诸王之女的尊称，相当于"公主"。在昭君看来，云有着她年轻时的几分影子，只是胖一些，皮肤却是匈奴人少有的白皙。

她看着他们俯展开来的肩背，云，还有嫁到当于家族的敏，都离开了——身边的亲人都离开了——旷野从此与心相随。

"母亲羡慕你，云，还有当。几十年里，大汉的景象很少进入我的梦中。有时候，黄昏迟暮，或者阴晦的黎明，一些倒影会令我看到曾经无比熟悉的宫墙。最初，草原上的大风还能将我带回高高的复道，像寒鸦一样彷徨其上。关于大汉，能够记起的，就这么多了。如今，我的胃口也大不如前，只能吃一些麦食和奶酪。自从大阏氏走了以后，酒也不喜欢喝了。没有生下你之前，我想着回去，想着汉皇会让我回到南郡家乡。那一段日子，说来也奇怪，总能闻到那么多果子的香味，也不知道是从哪里飘来的。云，自从你和敏出嫁，我的双膝一天一天地寒冷，整日呆坐，吃饭也不知呼唤哪个来同吃。不过，这些都慢慢过去了。你们能入长安，真是一件好事。想想命运的安排，真是有趣。我们就像北归南下的大雁，你来我往，彼此交错……"

"母亲，我们还会回来的。"云跪在她的膝前，拉着她的手说。"母亲来匈奴这么多年，贵族百姓们都深得您的庇佑，几十年里没有战争，没有人饱受死别之痛，这是匈奴的福报啊！云与当也会像母亲一样。"

昭君久久抚摸着云的脸。

她从颈上摘下五彩玉玦，缓缓挂在云的颈项上。"母亲只有这个送你。"

昭君预感到自己此生再也不会见到这个女儿了。

事实如此。王莽当政期间，汉匈关系日益恶化。匈奴单于更迭，虽然须卜居次云和丈夫从中努力，做了很多与汉亲善的事，但汉匈之间仍发生了数次冲突。直到后来刘秀即位，才与匈奴重修旧好，匈奴亦派使者来献。

当然，这一切昭君不会知道。她也永远不会知道，第五阏氏之子舆做了单于后，为了将单于之位传给自己的儿子，杀害了她最疼爱的孩子伊屠智牙师。那时，她已经安瞑十年。而她美丽的女儿云，也已去世，从此悬停于故国的天空……

须卜当走出门去。没过多久，两个侍女抬进来一只凤凰灯。须卜居次云和须卜当脱去外面的汉式襜褕，露出贴身的短袍。二人分持凤凰的左足右足，相视一笑，扭动着身躯欢跳而起。就像老莱子讨父母欢心那样。

昭君掩面，痛哭失声。

昭君送别女儿女婿后，又过了些时日，春天早早到来，羔羊一夜遍地。

阳光如注。昭君披着暖裘，坐在帐前，遥望狼居胥山。真是个省心的日子啊！她眯缝起眼睛。

车轮碌碌，被侍女推着的颛渠阏氏由远及近而来。

"姊姊的腰腿好一些了吗？"

"不行了，这个年纪，再也好不了了。"

垂暮的颛渠阏氏被一件厚且大的皮袍包裹着，只露着脸。她能活到今天，不得不说是一个奇迹。七年前，酒后的逞强让她摔下马背，昏睡了四五个月。

"妹妹的这驾服辇帮了我的忙，就像我年轻时候的腿。"

全靠怜波。颛渠阏氏醒来后发现腿动不了了。昭君记得怜波将安车拆了，琢磨着改成这样一具服辇。这具服辇可以让牛马拉着走，也可以任人推行。

"妹妹，你的侍女去哪里了？"

"哦，给那些孩子们讲《诗经》，讲《礼记》，忙得都顾不上我了。"

"你也算是有福分了，咳咳。"

昭君摆摆手。"那个丫头倔得很，越来越不听话。"

"不是须卜氏想要她嫁过去吗？"

"唉，不嫁，就要缠着我一辈子。"

颛渠阏氏示意侍女让服辇转变一下方向，因为阳光令她看不见宁胡阏氏。

"妹妹，听说又去打乌桓国了，带回来很多女人。回头找一两个你看得上眼的来服侍。"

"姊姊，不说这些了，我这几十年尽是操别人的心。"

侍卫引入一个匈奴工匠。工匠手执圆腹如半边

她的视野突然开阔，一只巨大的凤凰向她飞来。

槽的乐器告昭君说："这是阏氏命修的琵琶，如今修好了。"

这么久，都快要忘记了。昭君翻来覆去地看着。这还是琵琶吗？浑不似也。

她的脸上泛起孩子般的笑意。

"妹妹还要弹琵琶吗？"颛渠阏氏问。

昭君一下子睡着了。明光沐浴着她的脸颊，额头似乎有香风拂过。她的视野突然开阔，一只巨大的凤凰向她飞来，五彩石粉涂染的两腮一鼓一鼓的，像是在说话。她听见凤凰对自己说："青鸟啊，你是我的青鸟，你是我最好的使者。"接着，她又听见颛渠阏氏说："妹妹还要弹琵琶吗？"她回头望了一望，轻轻摇动翅膀，整个身子腾空而起。她又听到似乎是怜波在哭，但远处灿烂的天际深深吸引着她，令她不顾一切地飞升向前。"青鸟啊，青鸟，我最殷勤的使者。"凤凰的声音空旷高远，纯净柔美。她那么迅捷地投向光明，像一支箭镞疾射而去，直到成为一个点……

后来，在地图上，人们称这个点为青冢。

王昭君
生平简表

●◎汉宣帝甘露二年（前52）

王昭君约于此年出生于南郡秭归（今湖北兴山）。

●◎汉元帝竟宁元年（前33）

汉元帝赐王昭君为呼韩邪单于阏氏，和亲匈奴。时年约十九岁。

●◎汉成帝建始二年（前31）

呼韩邪单于去世，其子雕陶莫皋继位，为复株累若鞮单于。依照匈奴习俗，王昭君再嫁复株累若鞮单于。

●◎河平四年（前25）

复株累若鞮单于来朝。

●◎鸿嘉元年（前20）

复株累若鞮单于去世，其弟且糜胥继位，为搜谐若鞮单于。王昭君开始寡居。

●◎元延元年（前12）

搜谐若鞮单于去世，其弟且莫车继位，为车牙若鞮单于。

●◎绥和元年（前8）

车牙若鞮单于去世，其弟囊知牙斯继位，为乌珠留若鞮单于。

●◎汉平帝元始二年（公元2）

王莽命王昭君长女须卜居次云入侍太皇太后。

●◎汉孺子婴初始元年（公元8）

王昭君约于此年去世。

●◎王莽天凤五年（公元18）

王昭君之子伊屠智牙师约于此年被杀。

●◎汉更始帝更始元年（公元23）

王昭君长女须卜居次云及其子去世。

●◎汉明帝时期（58—75）

班固开始编撰《汉书》，卷九、卷九十四记载与王昭君相关事迹。

●◎晋武帝时期（265—290）

为避司马昭讳，始将王昭君改称明君、明妃。

◎南朝宋文帝元嘉九年（432）

范晔开始编撰《后汉书》，卷六十五、卷八十九记载与王昭君相关事迹。

◎宋神宗元丰七年（1084）

司马光编纂《资治通鉴》书成。卷二十九、卷三十、卷三十五、卷三十七记载与王昭君及其女相关事迹。

【注】本年表参考翦伯赞《王昭君家世、年谱及有关书信》一文。